保護者のお悩みにはこう答える

保育者のための
0・1・2歳児の子育て支援
ハンドブック

伊能恵子 著

中央法規

はじめに

　保育現場に生きるものとして、保育者の社会的地位向上への願いを込め、保育の専門性を世に伝える機会の構築を目指して、本書を執筆しました。

　現場の保育者たちは、日々子どもや保護者と全力でかかわり、奮闘しています。そのなかで保護者からの相談やSOSにより、苦悩を深め、保育者自身がSOSを出すことも少なくありません。そして、保育者の奮闘は、ノーベル経済学賞を受賞したジェームズ・ヘックマン氏をはじめとする保育業界以外に所属する学者も実証してくれるほど重要です。にもかかわらず、保育者の社会的な地位が向上しているとはいえません。それは、保育者たちの専門性を世に伝える機会がない、あるいは専門性を伝えることへの苦手意識が前面に出てしまうからです。

　例えば本書で取り上げている保護者への支援において、保育者は子どものことを深く学んでいるので、本来ならばその知識を保護者にわかりやすく説明するだけで保護者を支援することになるはずです。ところが、保育者は純粋かつ真面目な人が多いがゆえに、大人との会話を体系的に学んでいないことに後ろめたさを感じ、保護者との会話に苦手意識をもってしまっています。その結果、保育の専門性を伝える機会をことごとく逃してしまってきたのです。

　そこで本書のPart3では、現場で著者自身が保護者から聞かれる頻度の高い質問を掲載しています。著者の経験をもとに会話例を提示し、保育者が専門性披露の機会を得られるように組み立てました。そのため、Part3は、会話の背後にある意図、およびその根拠の解説で構成しています。さらに、専門性披露につながらない会話、あるいは失敗談を理由とともにNG対応として載せています。

　一方、保育者の大人に対する苦手意識を助長する、いわゆる対応の難しい保護者が増えている事実もあります。そこで、こういった現実を踏まえ、現状理解へ向けたPart1、留意したい事柄としてのPart2を加え、保護者への専門性披露を助ける構成としました。

　ぜひ、現場で奮闘している保育者たちの想いが、世に届きますように。

2023年9月

伊能恵子

目次

はじめに

Part 1 「つながりたい」気持ちに応える

Part 2 子育て支援　10のポイント

Part 3 こんなとき、こう答えよう
～保護者からの相談は保育者の専門性を伝えるチャンス～

生活

発達

人間関係

Part **1**

「つながりたい」
気持ちに応える

1 褒められたい！　つながりたい！
パパとママ

乳幼児のパパとママの本音

　実はパパとママって、子どもが生まれたから「パパ」「ママ」と呼ばれるようになっただけ。まだまだカッコいい男性、美しい女性でいたいのが本音です。

　パパとママは自分の子の良いところを褒められて喜んだり、問題点を突きつけられて落ち込んだり、ほかの子のパパやママとトラブルになったりして、自分の子の成長とともに親になっていくのです。

　こうしたプロセスの真っただなかにいるパパとママが求めているのは、自分自身が褒められること！　そして、子どもが褒められること！　わが子は自分の「分身」なので、子どもの成長を「○○くん（ちゃん）、すごいですね」「××できるんですね」と褒められるとうれしいのです。でも、もっとうれしいのが、「パパ（ママ）が頑張っているから、○○くん（ちゃん）、××ができるようになったんですね」と言われること。

　だからこそ、パパやママが頑張っているところ、褒めポイントを見つけて「いいね！」をたくさん押してあげましょう！

つながりたいパパとママ

　現代のパパとママのもう一つの本音は、「つながりたい！」「孤独は嫌」です。そして、放っておかれるのもかなり嫌！　自分からあいさつできなくても、相手からあいさつしてもらえないと無視されたと思ってしまうし、話しかけてもらえないと放っておかれたと思ってしまう……。非常に寂しがり屋で、誰かとつながりたいのです。

現代のパパやママには、昔のようにきょうだいが7、8人いる、おじいちゃんおばあちゃんと一緒に住んでいる、なんていう環境で育った人はあまりいません。きょうだいは、いても1人か2人。だから、周囲の大人から「やってもらうこと」には慣れています。でも、大人から叱られることや、何かを上から目線で教えてもらうことには慣れていません。そして、きょうだいが少ないから、子どもが生まれて初めて小さい子に接した、というパパやママも結構います。

　それなのに、子どもをもった瞬間に急に「親扱い」されます。しかも、情報が洪水のように溢れているせいで、かえって何を信じればいいのかわからない。でも、情報をたくさんもっているので、わかっている気にもなっていて、その割に現実世界でのコミュニケーションは得意とはいえず、孤独を感じがち……。

　だから、パパやママは誰かに声をかけてもらうのを待っています。子育てを教えてもらうよりも、つながりたい！　が本音です。こちらがお手本を見せるつもりで、どんどんあいさつをして、つながってください！　保護者が保育者に求めているのは、子育てのアドバイスをもらうことよりも、つながることです。

保育者は子どもが大好き！大人は苦手？！

保育者の負担感？！

　「保育園における働き方改革と保育業務の実態～調査報告書～」（東京都社会福祉協議会、2022 年）によれば、「保育者として働くなかで負担に感じること」として「保護者対応」がトップにあげられています。そして、「事故を防ぐ保育」と「職場の人間関係」が続きます。つまり、多くの保育者が大人とのかかわりを負担に感じているのです。これが現場の保育者の本音です。

　そもそも、保護者の支援をしようと思って保育者を目指す人はほぼいません。毎日子どもたちと一緒に楽しく過ごすイメージで保育者になった人ばかりです。つまり、「子どもが大好き！　大人は苦手」なのが保育者の本音です。

　それなのに、就職した瞬間から、子どもばかりでなく大人（保護者）への支援も期待され、職場では大人（保育者）同士の人間関係に悩み、折り合いをつけなければならない状況に陥っています。

子どもでつながる子育て支援

　保育者やその卵たちは、「コミュ力」や「コミュ障」といった言葉を日常で頻繁に使うほど、コミュニケーションの大切さをわかっています。でも実は、コミュニケーションに自信がありません。

　なぜなら、学校で保護者への支援の大切さを学び、いざ現場で「そんなに期待されているなら、教えてあげよう」と意気込んでも、保護者は自分を求めておらず、保護者からは自分に近づいてきてくれないからです。でも、保護者は心のなかではつながりたいと思っているのです。保育現場ではそんな光景がよくみられます。

　パパやママだって、大人と接するのはそれほど得意ではありません。自分の子ども以外の子とどう接すればいいのかわからないという人もいます。でも、保育者は子どもが大好きです。だからきっと大丈夫！　子どもを中心に保護者とつながる！　子どもに保護者とつなげてもらう！　それが現代の子育て支援のあるべき姿なんです。だから、保育者は自信をもって子どもたちとつながっていたいですね。

3 保育は育児？　育児は保育！

保育は子育て

　保育とは何か？　その定義はさまざまです。そもそも保育とは、子どもを育むことすべてを指します。具体的には、子どもと遊ぶこと、子どもと食事をとること、子どもとトイレに行くこと、子どもと服を着替えること、子どもと寝ることなどです。もしこれらが家庭で行われれば、それらはすべて育児と呼ばれます。それならば、保育は育児？　そうなんです。保育は育児、ともいえます！

　ですから、保育を伝えることは、家庭での育児のヒントをプレゼントすること、つまり保護者の育児を助けることにもなるのです。この真実に気づくことが、子育て支援の第一歩です！

　日常的に保育者が行っていること、例えば子どもの着替えのときにシャツを置いてあげる向きや、上着を着るときの援助方法の工夫、子どもが泣いてパニックになったときの声かけの工夫などを伝えるだけでいいのです。

保育者はみな、スペシャリスト

　日々の保育のなかでは、一人ひとりの保育者が自分のポケットにたくさん入った知恵を使いたいときに出し入れして活用しています。

　保育所や幼稚園、こども園では、たくさんの保育者がいるので、このポケットがたくさんあります。実はこのポケットは、保育所や幼稚園、こども園がもつ無形財産なんです。園では、新人保育者がベテラン保育者から毎分毎秒、無意識のうちにたくさんの気づきや学びを得て、自分のポケットに入れています。でも、お家ではパパやママがもっているポ

ケットは2人分です。核家族化が進み、そのポケットが毎日豊かになっていくことは難しい……。ですから、たとえ新人保育者でも、新米パパやママが敵わないくらい、豊富な知恵やポケットをもっているのです。

　たくさんの子どもたちを育み、たくさんの知恵やポケットをもつ保育所や幼稚園、こども園の保育者は、それだけでスペシャリストです！

保護者は子育ての同志

　子どもを育むことすべてが保育だとしたら、保育者は園生活で子どもを育み、保護者は家庭生活で子どもを育んでいます。子どもの心も身体も健やかに育むことが保育の願いだとすると、保護者は家庭生活でその半分を担ってくれているともいえます。子どもをまんなかにして、保護者は保育の一端を担い、保育者は育児の一端を担っているんですね。つまり、保護者は子育ての同志なんです。これがもう一つの真実です。

4 あなたの支援スタイルを見つけよう

　さまざまな保護者がいるように、保育者だってさまざま。「こうでなければいけない」という型にとらわれずに、自分の良さを活かす支援スタイルを見つけましょう。

自己分析してみよう！

Q1：何かの理由づけを考えるのが得意だ

Q2：人の相談に乗ったり、アドバイスしたりすることが好きだ

Q3：同僚・友人と大勢で食事をしたり、遊びに行ったりすることが多い

Q4：職場の書類や提出物はきちんと整理している

Q5：流行はすぐに取り入れたいほうだ

Q6：携帯電話を含め、電子機器をいじるのが好きだ

Q7：自分が面白いと思った勉強は、あまり苦にならない

Q8：小さな子の相手をするのが好きだ

Q9：初めて会う人の前でも緊張しない

Q10：試験では見直しをするので、うっかり間違えることは少ない

Q11：いつも同じことをするのは退屈だ

Q12：新しいものはなんでも見てみたい

Q13：納得がいかないことは、わかるまでやらないと気が済まない

Q14：友人の悩みや愚痴を聞くことが多い

Q15：よく知らない人がいても、上手に会話ができる

Q16：パソコンで資料を作るのが苦にならない

Q17：人と違ったことをしてみたい

Q18：工作・手芸などが好きだ

Q19：本を読むのが好きだ

Q20：世話好きだ

Q21：人を説得するのが得意だ

Q22：スピードより正確さを重視し、コツコツ地道に努力することが多い

Q23：理詰めではなく、感覚的に物事を判断する

Q24：ものを分解したり、組み立てたりするのが好きだ

質問の答えが「はい」の場合は 1 点、「いいえ」の場合は 0 点です。

採点表の点数を縦に足して、A から F それぞれの合計点のうち、点数が一番多かったところがあなたのタイプです。

A	B	C	D	E	F
1	2	3	4	5	6
7	8	9	10	11	12
13	14	15	16	17	18
19	20	21	22	23	24
合計	合計	合計	合計	合計	合計

次のページでは、この採点表をもとにタイプ A から F に分類し、得意分野やそれを活かした支援の方法をアドバイスしています。ぜひ参考にしてみましょう。

タイプＡ：知的に専門家的に支援しよう

資格取得を目指して勉強するのも苦にならない、学者肌の保育者。

ためになる豆知識を保護者に伝えよう。

タイプＢ：奉仕者肌の教育者的に、包み込んで支援しよう

人を指導する教師・ソーシャルワーカーなどが向いている、まさに福祉系保育者。

「悩み相談受付中」のシグナルを保護者に出そう。

タイプＣ：人付き合いが上手な面を活かして支援しよう

社交的で、人前に出ることで実力を発揮し、保護者や家族を巻き込める保育者。

たくさんの雑談で、保護者と盛り上がろう。

タイプＤ：情報処理能力を活かして支援しよう

コンピュータの操作に強く緻密な仕事が好きな、地道に努力する保育者。

きめ細かなメール配信などで、子育てを支えよう。

タイプＥ：現代の最新ニーズをキャッチして支援しよう

新しいことが好きで、感覚が鋭い保育者。

ニュースやファッションなど、社会の流れをキャッチし、行事の企画を立てる創造的な仕事もこなせる。親子で楽しめるイベントを提案しよう。

タイプＦ：親子製作・造形表現で支援しよう

具体的なものに力を発揮できる保育者。

パソコンや機械の操作を得意とし、電化製品などの修理もいとわず、造形や製作も難なくこなせる。得意分野に保護者を巻き込んで支援しよう。

自己概念が自分を育てる

　上記の自己分析をしてみて、自分の良さや得意な面がみえてきましたね。

　次に必要なことは、ここでみえてきた自分の良さや長所が保育実践や保護者支援に役立っていると思い込むことです。実は、思い込みが人を育てているのです。タイプＡからＦまでさまざまなタイプがありますが、各々の良さを活かした理想の自分を思い描き、それが実現できるように行動していきましょう。これこそが自分なりの支援スタイルを確立し、自分を育てていくことにつながります。人が幸せになる条件の一つは、「ポジティブな未来を思い描くこと」です。

　独自の支援スタイルを追求することが幸せへの歩みになるなら、頑張れそうですね。

自己概念（思い込み）	→	行動
・私は親切だ	→	人に親切にふるまうように心がける
・私は何でも効率よく処理できる	→	仕事を手際よく片づけるよう努力する
・私は責任感がある	→	何にでも一生懸命に取り組む
・私は正直さが取り柄だ	→	嘘も方便とはいえ、抵抗がある
・私は義理堅い人間だ	→	義理を欠く行動は取りにくい
・私はどうせ落ちこぼれだ	→	無理せず、サボることができてしまう
・私はどうせ頭が悪い	→	力を抜き、人任せにしてしまう

　自己概念（思い込み）は、自分の性格をポジティブにとらえ、自己を優れた人格だと考える必要があります。「私はどうせ落ちこぼれだ」「私はどうせ頭が悪い」のようなネガティブな思い込みは、自分の能力を向上させる機会を失ってしまいます。

5 子育ては大人みんなの協働作業

サルはサル山で、人間は人間社会で子育てを！

　突然ですが、サルの飼い方を知っていますか？

　実は、サルは檻で1匹だけで飼ってはいけないのです。1匹で飼うと、大きくなったら子殺しをする、子育てのできないサルになってしまうそうです。そのため、サルはサル山で飼わなければいけないそうです。

　もしかしたら、私たち人間もサルと同じで、家庭という檻の中で一人あるいは親子だけで生活してはいけないのかもしれません。一人あるいは親子だけで生活すると、サルと同様に虐待のリスクが高まってしまうからです。

　ひと昔前は「子どもは国の宝」という意識が強く、社会全体で大切に育てるという雰囲気がありました。

　ところが、核家族化が進み、子どもは保護者が育てるという意識が強くなりました。現代の子育てはサルの檻の中の子育てに近い状況です。

　ひと昔前ならママに抱かれた赤ちゃんが泣いていれば、誰彼構わずあやしたり、ママを励ましたりしていたのに、今は冷たい視線を送るのみならず、「うるさい！　だまらせろ」と怒鳴る人までいます。社会全体で子どもを育てるという意識がないのが現状です。

子育ては社会の協働作業

　でも、少し考えれば、学生や大人、さらには怒鳴った人も、泣いていたその赤ちゃんが大きくなって働くようになったとき、その子に支えてもらうかもしれないということはわ

かります。それに、誰にでも赤ちゃんだったときがあるのに、それを忘れてしまっているように思います。

　子育てを周囲の大人みんなの協働作業としてとらえ、子どもたちを育むことは、その子や、その子のパパ・ママのみならず社会全体、そして未来を明るくすることにつながるのだと自覚していきたいですね。

子どもは社会で育てる！　家庭だけでは育たない！

　地域住民がお互いに密接にかかわっていた時代は、地域ぐるみで子育てをしていたので、子どもたちも大人になったら家族や地域のために頑張ってくれました。ところが今は、地域の関係性が希薄になっていて、子育て機能を担うことも難しくなっています。

　だからこそ、その地域の機能を保育所や幼稚園、こども園が担っていかなければなりません。明日のため、子どもたちのため、社会のために、私たち保育者が子育てしやすい物的・人的環境、社会資源になっていきたいですね。

保育者の本音

育者を目指すようになったのは、「子どもがかわいい！」「子どもが大好き！」という気持ちをもったことがきっかけだという人が大半です。

　そのなかで保護者（大人）を支援することが求められ、逃げたいのが本音かもしれません。でも、保育の「専門家」と言われたらプライドもあるから逃げるわけにもいきません。

　だったら、保護者の反応が分かるマニュアルが欲しいのも本音……。どんなときにどんなことを言ったらどんな反応が返ってくるのか悩んでしまうこともあるでしょう。

　せっかく学校でたくさんの専門知識を学んだのだから活かしたいですよね。でも、それをどう活かしてどう伝えればいいのかわからない。そんな疑問が解決できれば、世のため人のため、保護者のため、子どものため、なんだって頑張れるのが保育者です！

【参考文献】
・澤口俊之『夢をかなえる脳』WAVE 出版、2011 年
・東京都社会福祉協議会「保育園における働き方改革と保育業務の実態〜調査報告書〜」2022 年

Part 2

子育て支援
10 のポイント

子育て支援は臨界期（じき）がある

早くても遅くても感謝されない

　子育て支援の一つが、子育てのアドバイスをしてあげること。子育てのアドバイスには、効果を最大限に発揮できるとき、つまり「臨界期（じき）」が存在します。そのタイミングが早くても遅くても、感謝されないし、むしろ疎まれてしまうものなんです。パパやママになるための心得については、初めての子どもが0歳から1歳のときにアドバイスしてあげたいものです。

　子どもが誕生してからの1年ほどの時期に、抱っこやふれあい遊びといった触覚刺激のある活動を行うことで、生物学的に親になるだけでなく、発達心理学的にも親としての自覚が芽生えます。ですから、パパやママが育児休業を取って子どもとべったり過ごすことは非常に有意義です。さらに、ママが入院して子どもを産んでから退院するまでを子どもと密着して過ごしたかどうか（できれば出産1時間以内の肌のふれあい（抱っこ）が非常に有効）がその後の子育てにも大きく影響します。人生の全体からするとほんのわずかな時間ですが、この期間の過ごし方が親だけでなく子どもの人生にも影響するのです。退院後すぐに始まる子どもとの生活に備えて、出産直後にはパパやママとしての心得を教えてもらうことが重要です。

次にやってくるのが、「パパとはこういうもの」「ママとはこういうもの」といった役割に対するイメージの定着期です。良い意味でも悪い意味でもイメージが定着しますが、一度身についた固定観念を覆すのはとても大変。だから、パパとママになるための心得は、初めての子どもが0歳から1歳の間に伝えていきたいですね！

困ったときを逃さない

もう一つ臨界期があるのは、子どもの発達過程における課題についてのアドバイスです。発達に課題がある子の保護者へのアドバイスは、パパやママが困ったときに。これを逃してしまうと耳の痛いことは聞き入れてもらえません。

文部科学省の調査では、全国の公立小中学校の通常学級に通う児童生徒の8.8％に発達障害の可能性があるとされています（文部科学省初等中等教育局特別支援教育課「通常の学級に在籍する特別な教育的支援を必要とする児童生徒に関する調査結果について」2022年）。この児童生徒が、就学前は「気になる子」といわれます。「気になる子」というのは、「気にしてあげたい子」なわけですが、例えば、保育所や幼稚園、こども園に遊びに来てもずっと走り回るだけとか、ゴロゴロ寝て遊ぶだけとか、キャーキャーわめいているだけとか、いろいろな気になる姿が目に入ることもあります。これは発達における課題ですので、ついアドバイスをしたくなりますが、一度立ち止まって、パパやママの様子をみてみましょう。パパやママが困っていないときのアドバイスは、大きなお世話、要らぬお節介、恨まれるだけで逆効果！　その場合は子どもを支援するだけにとどめます。

でも、これも時期があるんです。もしパパやママが困っていたら、そのときこそアドバイスしてもらいたいタイミング。様子をみて、困っているかどうか、つまり助けを求めているかどうか、臨界期を迎えているかどうか察してあげてください。

保護者のタイプ別対応を知ろう

　笑顔で楽しくおしゃべりしていたと思ったら、突然、豹変する保護者がいます。そんな保護者に出会うと、つい、「モンスター？」なんて思ってしまって保育者を辞めたくなるかもしれません。デリケートな部分にふれないのは当然ですが、それぞれのタイプに合った対応がわかれば大丈夫です！

タイプ1：「それは○○ということですか？」と確認してくる

このタイプの保護者は、あいまいな答えが苦手。Yes とも No ともとれる答え方をすると、突然キレることがあります。ですから、答えられない質問がポンポン出てきても、わからなければ「わかりませんので、次回までに聞いておきますね」と回答し、明確な回答を用意しておきましょう。

タイプ2：「なぜ？」「○○した後は？」……と次々聞いてくる

このタイプの保護者は、神経質なほど子どものことを気にしているのに、本当は自分でどうすればいいのかわかりません。スルーしたり、適当に流したりせずに、できるだけ一つひとつ丁寧に回答しましょう。

タイプ 3：馴れ馴れしく気軽に何でも話してくる

話好きだと思って、立ち入ったことを聞いた瞬間にそっけなくなったら要注意。このタイプの保護者は、「話したいけど、聞かれるのは嫌」なのです。特に、10代から20代の保護者の場合、聞かれたくないこと（未婚の母であるなど）を秘めている人もいます。話したい！　言いたくない！　という気持ちを受け止めると感謝されます。

タイプ 4：質問に答えると「本には○○と書いてありました」と言う

「それなら本と一緒に子育てしてください」と言いたくなりますが、このタイプの保護者は、実は褒められることを求めています。なので、「○○ちゃんの好きなことは何ですか？」と質問し、答えてくれたら、「さすがママ！　お子さんのこと、よくご存じですね！」と褒め、「では、○○ちゃんの好きなことで一緒に遊びましょう」と誘い、実際のわが子を見つめることが一番大切だと気づいてもらいましょう。

ポイント 3 子育て支援は生活支援

手抜きも伝授

　そもそも子育て支援とは、子どもが育っている「生活」への支援です。当然、子どもにとって物的・人的環境であるパパやママの生活力向上へ向けた支援も行います。

　少しパパとママの生活を考えてみましょう。ご飯を作りながら子育て、整理整頓、掃除をするのは大変！　忙しくてイライラするのもわかりますよね。手を抜くところや手の抜き方を伝授することも、れっきとした「子育て支援」。正しく手を抜き、子どももパパもママも幸せでいられるような支援をしましょう。

子どもだって助っ人になる

　子どものものは子どもが自分で片づけ、取り出せる場所にしまえばいいのです。子どものものを置く場所を明確に設定してあげるだけで、服は畳まなくてもいい、すべてかごにポンポン入れるだけでOK。これなら、0・1歳の子でもできます！　そうすると、子どももお片づけの味方です。子どもも助っ人にしちゃいましょう。

　その調子でいけば、ほかの家族の洋服もかごでもいいかも……。かごのまま押し入れやクローゼットに入れれば、お部屋はスッキリです。

心のゆとりを生む手抜き

　ご飯も毎日作らなくてもいいのです。土日の時間に余裕があるときにたくさん作り、冷凍庫に入れて、平日は電子レンジで温めるだけにするのも一つの方法です。

　結構使えるのが鶏肉の竜田揚げです。1kg分を土日に作っておき、月曜日はそのまま竜田揚げ、火曜日はタルタルソースで、水曜日はネギザンギ、木曜日はマヨネーズソースで、金曜日は野菜サラダに乗せてドレッシングで。ソースを変えるだけで1週間乗り切れます。また、味つけの薄いものを作った後に濃いものを作れば（卵焼きの後に豚肉の生姜焼きなど）、お鍋やフライパンを何度も洗わず、1枚で済ませることができます。

　食器もたくさん洗うのが大変だから、ワンプレートディッシュ。つまり、1枚のお皿にご飯もおかずもサラダも盛ってしまえば、一人1枚しか使いません。手抜きだけれど最低限のことはやっている風（!?）の家事方法を伝授する──。これも立派な子育て支援です。

　SNSで見た時短テクニックなど、あなたの知っている生活の知恵や先輩から学んだ手抜きの方法をたくさん伝授してあげてください。正しい手抜きは、心のゆとりを生みます。

ポイント 4 信頼は雑談で勝ち取る

雑談の力は絶大！

　人間は、自分に話しかけてくる人を好ましく思い、信頼するものです。極端に言えば、「内容はどうだっていい。話をすること自体が大切！」。だから雑談でいいんです。雑談をすること自体が子育て支援といえます。

　余談ですが、海外で危険なエリアを通るとき、「そこの住人に話しかけると安全に通れるが、無言で通ると背後から襲われることがある」と聞いたことがあります。それほど、人間にとって「話しかける」という知恵、雑談の力は絶大です。

自虐ネタも子育て支援

　雑談のきっかけは、日本人が得意なその日の天気の話、「今日は暑い（寒い）ですね」でいいんです。その次に大切なのが、自虐ネタです。例えば、「あまりにも暑くて○○してたら、××になっちゃいました」というようなもの、「熱中症にならないように、水分、水分なんて気をつけていたら、お腹を壊しちゃって……」というようなネタはありませんか。

　完璧な人は近づきにくいものです。そして、「教えてあげよう」と身構えると、離れて

いくものです。ですから、子育て支援は人間味あふれる自然体で。特に、自虐ネタが入った雑談は、保護者の気持ちに寄り添い、安心感を与える子育て支援となります。

　例えば、「この前、保育室であら、臭いな、と思ったけど、先に給食を運んで後から何が臭かったのか見ようと思ったら、お部屋にウンチが転がっていて、よく見たら、私が知らずに踏んだまま歩いていて……」。そんな、自分の失敗をさらけ出すような（当然、保育者として、子どもを見ていなかったというような致命的なミスは絶対にダメですが）自虐ネタは、結構歓迎されます。

　だから、失敗したり苦労したりすることが多くて、落ち込んだ回数の多い保育者ほど、保護者への支援が上手になる！　私はそう思います。

　自虐ネタがなければ、ふと目にした子どものかわいい姿から「子どもってかわいいですよね」と締めくくってもいいでしょう。とにかく、保護者を見かけたら、「何でもいいから話しかけよう」と思うサービス精神が大切。それこそが子育て支援になっています。

子育て支援成功のカギ

「笑い」の力

　子育て支援がうまくいく、うまくいかないの分かれ目となるカギがあります。それは、「笑い」です。笑いは精神的にも肉体的にも、非常に健康によいことがわかっています。笑うことで免疫力が高まることも、科学的に証明されています。

　保育全般においても、「笑い」のある保育は、子どもとのコミュニケーションがよく取れている証拠といえます。「一日一笑(いっしょう)」を目指す保育、保護者支援、子育て支援を目指したいですね。

　実は、この「笑い」は、認知症の人にとってもプラスで、たくさん笑った後の認知症の人は、コミュニケーションをとろうとする割合、あるいはとれる割合が上昇します。また、笑うことは、職場内コミュニケーションや働きやすさを向上させるという研究結果もあります。

　保育者や保護者が子どもと過ごすなかで、かわいい姿を見つけ、笑いに変えられたら、その子育て支援は成功といえます。ぜひ、子育て支援に笑いを活かしていきましょう。

最高の子育て支援とは

　パパやママは、家庭のなかで子どもと、特に幼い子どもと2人きりの「ワンオペ」だと、なかなか笑う機会や心のゆとりがないものです。外出先で大泣きされたり、レストランに入ったのにわめかれたり……。外に出て子どもが泣いたりわめいたりしても、保護者が安心して子どもと一緒にいられる場所、子どもと保護者を受け止める場所を提供する、それこそが最高の子育て支援ですね。

ポイント 6 年齢で変わる子育て支援

支援は子どもとともに成長する

　子育て支援は、その子の年齢に応じて刻々と変化させるべきです。抱っこが必要な赤ちゃんと歩ける赤ちゃん、走り出した幼児とでは、その子のなかで育っているものが異なりますから、保育者も保護者も支援を成長させなくてはなりません。ところが、保護者はつい、いつまでも子どもはまだ小さいと思いがちで、子どもができることを奪っていることがあります。まずは、「子どもの成長に対して保護者の支援も成長させる」という大原則を保護者に伝えなければなりません。

乳幼児期の最重要課題は「基本的生活習慣の自立」

　「基本的生活習慣の自立」とは、身の回りの最低限の後始末が一人でできるようになることです。この基本的生活習慣は、厚生労働省「保育所保育指針」（2017年）では、「自立心」につながり、「道徳心」につながることが明記されています（文部科学省「幼稚園教育要領」（2017年）、内閣府・文部科学省・厚生労働省「幼保連携型認定こども園教育・保育要領」（2017年）も同様）。つまり、自立心や道徳心の土台として、「基本的生活習慣の自立」が必要ということです。

そもそも、生物の子育てはその子が自分で食料を手に入れられるようになる、つまり自立して親元から巣立っていくことなので、自立心を目標としています。また、道徳心とは、強いものは生き延び、弱いものは死ぬという弱肉強食の生物界のなかで、他者と助け合いながら生きたり、他者を痛めつけてまで欲しいものを奪ってはいけないといった、人間らしい想いを忘れないための心のことです。

過保護・過干渉な養育態度は要注意

　ところが昨今は、ニートやひきこもりなど、生物として「自分で食料を手に入れられない」状態の人間も、何か（例えば高齢の親）に依存すれば生きられる社会です。道徳心が欠如して、悪事をはたらいて労働せずにお金を得たいと考える人間も一定数います。

　子どもがどのように育つかは、子育ての結果そのものです。だからこそ、そのような大人を育てた親世代を含め、社会全体が、この現状を重く受け止めなければなりません。しかも、これらの現状の芽は乳幼児期にあります。つまり、その時期の子育て支援に携わる私たち大人の責任は非常に重い！　といえるでしょう。

　保護者の「過保護・過干渉な養育態度」は、ニートやひきこもりの人、少年犯罪で補導された子どもたちが「自分の親の特徴」としてあげるトップ項目です。子どもを一生懸命かわいがっている保護者にとって、自分の養育態度を客観視することは非常に難しいので、子どもの年齢に応じた客観的な援助＝保育者の子育て支援が求められるのです。

　では、ここからざっくり年齢ごとに分けて見てみましょう。

０歳児は抱っこ！

　０歳の赤ちゃんにとって、「人を信じていい」「この世に自分は生まれ育っていい」という感覚（基本的信頼感）を獲得することは、とても大切です。そのためには、育ててくれる人との心の絆を深めること（愛着形成）が欠かせません。この心の絆には、①肌のふれあい、②見つめ合い、③語り合いの３つが必要です。だからこそ、スマホ片手に過ごすのではなく、赤ちゃんの目を見つめる大切さを忘れないなど、基本的に大切にしたいこと

を一つひとつ伝えたいものですね。

　神聖ローマ皇帝のフリードリヒ2世による大昔の恐ろしい人体実験では、この3つを奪って約50人の赤ちゃんを育てた結果、全員が1歳を待たずに死亡しました。赤ちゃんは「心の栄養」を必要としていて、この栄養がもらえないと生きられないのです。また、特にこの時期は、抱っこ（触覚刺激）が赤ちゃんの認知能力を育てています。身体を撫でられながら話しかけられるほうが、その言葉を覚えている割合が多いこともわかっています。この時期は、たくさん抱っこして、赤ちゃんの目を見つめて語りかけて、心の絆を深めることが何よりも大切だとパパやママに伝えたいものですね。

1歳児は独歩の応援

　1歳になって歩けるようになったら、歩ける距離を長くすることが大切です。もう0歳の赤ちゃんとは異なりますから、かかわり方を変えていかなければなりません。

　1歳は意欲や体力を左右する大切な時期です。実は、学習意欲には体力が大きく影響します。小・中・高・大学時代の授業を振り返ってみてください。疲れてしまって体力がないと、学習意欲はわきません。それと同じように、子どもたちも疲れてしまっていたら、遊ぶ意欲がわきません。学習のために非常に大切なこの体力は、自分の足を使って歩いて

こそ育つのです。つまり、子どもに意欲的に学習してほしいと願うのであれば、体力をつけてあげること＝自分の足で歩かせることが必須です。子どもがどこかに行ってしまうから、ゆっくり歩くのが面倒だからといって、ベビーカーを多用する保護者もいますが、そんな様子を見かけたら、子どもが自分で歩くことの大切さを伝えたいものです。

　大人よりも子どもの数が多かった時代は、小さいうちから自分のことは自分でやること（自立）が必要でした。でも、今は極端な例では 50 歳、60 歳になってもまだ自立できず、80 歳、90 歳の親に依存している子どもの存在も見聞きします。子どもがその年齢なりにできることが増え、自立していく過程を「うれしい」と思えるように応援することも、子育て支援の大切なポイントとなってきています。

基本的生活習慣の「やりたい」を応援！

　1歳では、「基本的生活習慣」を大まかに自立できるように援助することが子育て支援の大切なポイントです。食事（自分で食べる）、排泄（トイレに行く）、着脱（洋服を着たり脱いだりする）といった活動を一つひとつできるようにしていく時期です。特に、「自分でやりたい！」が出てくる「イヤイヤ期（何に対しても反抗してしまう時期）」の到来前に、なるべく何でも自分でできるようにしておくと、子どもは自分のやりたいことができ、親は癇癪をなだめる必要がなくなるので、親子とも楽です。

基本的生活習慣は「自立」の基礎

　そして、ついにイヤイヤ期がやってくるのが2歳です。この時期は、子どもが感情コントロールを覚える時期で、保護者も根気が必要です。できないのに、「自分でやる！」と言い張ってみたり、できなくて保護者が手を出すと怒ったり……。保護者にとって大変な時期ですが、子どもの頑張りを根気強く応援して、「基本的生活習慣」を自立させる大切さを伝えましょう。

　この自立への道のりの応援はとても大切で、0・1歳は0・1歳なりの自立、2歳は2歳なりの自立、3・4・5歳は3・4・5歳なりの自立があるから、思春期・青年期・成人期を迎えたときに、その時期に応じたあり方でパパやママから離れていくことができるのです。自立への道のりは、誕生後すぐに始まっています。その自覚を促し、子どもの自立を喜べるようにすることは、現代の子育て支援の根幹にあたります。そして、3歳までに「基本的生活習慣」を自立させた子は、論理的思考力（「なぜなら〜だから」を考える力）も獲得できることが多く、これが就学前の道徳性と就学後の学力の獲得を大きく左右することがわかっています（ベネッセ教育総合研究所「幼児期から小学1年生の家庭教育調査・縦断調査」2016年）。この時期までの「基本的生活習慣」の自立を大切に応援していくことを伝えたいですね。

「基本的生活習慣」の自立後に始まる心の成長（3・4・5歳児）

　基本的生活習慣が大まかに自立すると、他者の心に興味が出てきます。基本的生活習慣の自立は、目に見えない課題や他者の心の理解につながり、心を成長させることができるのです。

　3・4・5歳は、アミニズム（机やいす、水、草木などにも生命や心があると考える）の時期を生きています。そして、物事を理論で考えられる（論理的思考）ようになると、相手の気持ちになって考えること（視点転換）も可能になります。

　この全てを併せもつこの時期に、道徳心を伝えていくことができます。例えば、おもちゃを乱暴に扱って壊してしまったとき、「おもちゃが痛いって泣いているよ。かわいそうじゃない？」といった言葉に真っすぐに反応し、「おもちゃも痛かったよなあ……。悪かったなあ……」と考えて泣きます。これが就学後になると、「おもちゃなんか泣かないし、どうせママに言えばまた買ってくれるし、たった○○円じゃないか」となります。だからこそ、3・4・5歳で心の育成を行い、道徳性を芽生えさせるには、0・1・2歳で基本的生活習慣を大まかに自立させておくことが大切になります。

道徳心の芽生えは就学前まで

　就学後すぐに、アミニズムの時期に終わりが来ます。そうすると道徳心を芽生えさせるのは非常に難しくなります。だからこそ、就学前に、「やっていいこと」「いけないこと」の価値観や道徳心をしっかり伝えたいものです。突然3歳から伝えようとしても、それまで何もしていないと難しいので、道徳心の芽生えは0・1・2歳から、道徳心の核を作るのが3・4・5歳からであることを保護者に伝えましょう。

　そのカギになるのは、保護者の表情です。実はハイハイの赤ちゃんが自分で崖を渡るかどうかは、ママが応援する表情を見せるか否かに左右されることが実験でわかっています。また、生後4・5か月で善悪の区別がついていることも明らかになっています。道徳心とは「善をなそうとする心」を意味しますから、0・1・2歳における保護者の表情で子どもの「善」を応援し、道徳心を芽生えさせ、3・4・5歳でその核を作るプロセスをたどるのが理想です。

正しい感情表出が大切

　私たち人間（哺乳類）は、生物界を生きていくために「何をしてもいいのか・何をして

はいけないのか」「何が安全か・危険か」などを、保護者の表情から読み取って判断するよう、生まれながらに組み込まれています。特に命を守らなければいけないというときは、本能が発揮されます。赤ちゃんでも、ネガティブな表情とポジティブな表情とではネガティブな表情をより瞬時に読み取り反応するそうです。そのため、この時期こそ周囲の大人の正しい喜怒哀楽の感情表出が大切であると保護者に伝えましょう。子どもたちの人生を左右する道徳心と価値観をプレゼントしてあげることの大切さを、保護者と共有していきたいですね。

ポイント 7 「困った大人化」予防の処方箋

親になりきれない親

　子どもは親を選べません。ですから、「困った大人化」予防が必要です。

　一つ目の「困った大人化」は、親になりきれない親です。まず、親はなぜ「親」と呼ばれているかというと、子どもをもったからです。本当はまだまだカッコいい男性、美しい女性でいたいのが本音（2ページ）です。しかも、初めての子どもが小さいほど、そしてパパやママが若いほど、まだまだ異性にモテたい！　でも、子どもに関心がなくなってしまった親をもつ子はかわいそう！　ですから、子どもが悲しい思いをしないように応援することも大切な保護者支援です。

親という安全基地の必要性

　子どもがこの世の中を、心も身体も健康に生きていくためには、親の絶対的な愛情を土台とした他者に対する基本的な信頼感と、不安になったときのよりどころとなる親という安全基地の存在が必要です。

　ところが、その親の関心が異性に向かってしまった場合、子どもの生きる根幹が揺らぎます。例えば、ホッキョクグマのオスは、繁殖期になるとメスを獲得するために、自分の

034

子どもであろうとも、邪魔なら襲って殺してしまうそうです。私たち人間も哺乳類。そうならないためには、子どもに関心を寄せ続けることが大切です。

　そのためには、パパとママが子どもと一緒にいることを幸せに感じる必要があります。「パパが一緒にいるから○○ちゃん楽しくていいね」とか「ママが優しいから○○くんも優しいですね」のように、親と子どもをセットで褒めることに加え、パパやママが一緒にいるからその子が幸せなんだ、と知らせること。そして、パパやママが子どもと一緒に楽しめる場やイベントなどのアイデアを提供して、パパやママである自覚をもつことを促します。そしてパパやママに、オキシトシン（愛情ホルモン）を出すふれあい遊びの方法をたくさん伝授しましょう。これが効果的な処方箋の一つになります。

子どものトラブルは子どもが解決

　もう一つの「困った大人化」は、自分の子どもしか見えず、すべてに敵意むき出しで襲いかかってしまう親です。子どもが社会で生きていくためには、子ども自身がトラブルに対処する力が必要です。それなのに、すぐに出てきてトラブルに対処してしまう親。子ども同士がトラブルになったら、相手が子どもでも怒ってしまう親。こんな場面を発見したら、子どもが社会性を身につけるためにはお友だちの存在が大切であること、そして、子どもたちが成長するためには、お友だち社会のなかで実社会を生きる力をつけていくことが大切であることを知らせましょう。

　そして、自分の子どもとトラブルになった相手をパパやママが直接やっつけるのではなく、自分の子が言うべきセリフや対処の仕方を教えてあげることのほうが大切だと伝えたいものです。子どものトラブルは子ども自身の力で解決するべきです。

ポイント 8 子育て支援をする側にもケア

　子育て支援をする環境には、物的環境（ハード面）に加えて、人的環境（ソフト面）も含まれます。そして、実は、「子育て支援室」や「○○相談ルーム」といったハード面の設置以上に大切なのが、ソフト面である保育者などのマンパワーです。

保育者には心身の安定が必要

　子育て支援や保護者支援では、「相手の気持ちに寄り添い、ときにはネガティブな気持ちも受容して」などといわれることが多いですが、支援する側の心身のケアもとても大切です。精神的・肉体的にダウンしている状態ではほかの人を支援することはできません。自分が不幸の真っただなかにいるときに、相手を思いやることは難しいでしょう。ですから、子育て支援をする保育者自身が精神的・肉体的に安定していることが必要です。

　保育者という職に就く人の特性として、「共感性が高いこと」があげられます。共感性の高い人は、ストレスを抱えたときに共感してもらえるか否かで、そのストレスが解消できるか否かが大きく左右されます。ですから、子育て支援を通して抱えたストレスは（守秘義務を厳守したうえで）同僚や先輩とも共有し、大変さに共感してもらうと、気持ちが浄化されて次の日も生き生きと働くことができます。日頃から、小さな悩みや困りごとでも同僚や先輩に相談しておきましょう。

保育者の専門は「子ども」

　もう一点、子育て支援をするなかで明確に意識しておきたいことは、自分の専門性です。これも支援する側の支援可能範囲の自覚と精神衛生の管理にとって非常に大切です。

　保育者は子どものことは専門ですが、それ以外のことは専門外です。専門外の相談、例えば家庭内暴力（DV）などの深刻なケースを一人で抱え込むのは非常に危険です。他の専門機関との連携が必要な場合もあるでしょう。ですから、自分ができることとできないことの範囲を明確に伝え、組織全体や他機関とともに支える姿勢が求められます。

　子育て支援によって抱えたストレスは、仲間と共有しながら支え合う必要性を忘れずにいたいものです。

ポイント 9 子育て支援力とは分担力

保護者が期待していること

　著者による調査では、保育所や幼稚園、こども園に対して、保護者は実に多くのことを期待しています（図2—1）。ですが、保護者が子育てで困ったときの相談相手で一番多いのは配偶者、続いて自分の親（子どもから見たおじいちゃん、おばあちゃん）です（図2—2）。保育者も上位ですが、相談相手として一番ではありません。こうした姿から見えるのは、保護者は相談相手をその内容に応じて使い分けているということです。

子育て支援は分担する

　真面目な保育者であればあるほど、保護者からたくさん求められるから、そして世の中から「指針」として要請されるから、すべてをやってあげなくては！　期待に応えなくては！　と思いがちです。しかし、これらは保育者一人でできる内容ではありません。相談も同様です。でも、組織には多種多様な体験をもつ人がいます。ですから、子育て支援をすべて一人でやろうとする必要はありません。一人でできることは限られています。そして、一人では的確に支援できる範囲も限られることになります。支援する側も一生懸命やればやるほど、負担が重くなります。子育て支援は一人でやろうと背負い込まず、チームで分担することを前提に進めましょう。

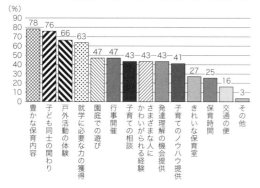

図2−1 保護者が保育所・幼稚園・こども園に期待すること（著者による調査）

(%)

| 78 | 76 | 66 | 63 | 47 | 47 | 43 | 43 | 43 | 41 | 27 | 25 | 16 | 3 |

豊かな保育内容／子ども同士の関わり／戸外活動の体験／就学に必要な力の獲得／園庭での遊び／行事開催／子育ての相談／さまざまな人にかわいがられる経験／発達理解の機会提供／子育てのノウハウ提供／きれいな保育室／保育時間／交通の便／その他

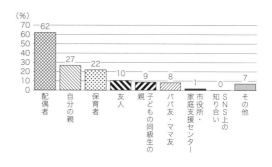

図2−2 子育てで困ったときの相談相手（著者による調査）

(%)

| 62 | 27 | 22 | 10 | 9 | 8 | 1 | 0 | 7 |

配偶者／自分の親／保育者／友人／子どもの同級生の親／パパ友・ママ友／市役所・家庭支援センター／SNS上の知り合い／その他

共通認識をもつ事柄

　子どもの発達についての相談はA先生に、気になる行動についてはB先生に、このような場面では公的機関を紹介するなど、それぞれの保育者の得意なことを知り、共通認識をもっておくことが大切です。そして、保護者から自分が不得意な分野の相談を受けたときは、とりあえず話を受け止め、そして、「この件は○○先生が得意なので、ちょっと代わりますね」とか、「聞いておきますね」と対応するのもよいでしょう。保育者同士が支援を分担しているという共通認識をもつことが、支援力向上の第一歩となります。

「敵」を「味方」に変えるちょっとしたコツ

共感姿勢を崩さない！

　どうしても性格や保育に対する考えが自分と合わない保護者は出てきます。そして、一生懸命支援しているのに、なぜか保護者と敵同士のような関係になってしまうこともあります。なぜ「敵」は生まれるのでしょうか？

　人は、議論した相手を「対立した人」ととらえがちで、なかなかわかり合えなかったり、本当に敵対したりしてしまう傾向があります。だからこそ、子育て支援で大切なのは、保護者と議論しないこと、つまり保護者に「共感している姿勢」を常に崩さないことです。

　バイスティック（Biestek, F. P.）のケースワークの原則を紹介します。

①個別化の原則（individualization）

②意図的な感情表出の原則（purposeful expression of feeling）

③統制された情緒的関与の原則（controlled emotional involvement）

④受容の原則（acceptance）

⑤非審判的態度の原則（non-judgmental attitude）

⑥自己決定の原則（client self-determination）

⑦秘密保持の原則（confidentiality）

　このケースワークの原則は、支援する側とされる側の関係性を良好にするため、相手を怒らせずに味方につけるコツが詰まった7原則なのです。

　わかりやすくざっくりいうと、

①先入観をもたず（ラベリングやカテゴライズをせず、一人ひとりと向き合う）

②ネガティブな気持ちを吐き出しやすくし（相手の感情を受け止め、話しやすい雰囲気を作る）

③クールな頭と温かい心で（共感はするが、客観的な視点を忘れない）

④ふんふんと相手の話を聞き（相手が感じたことや考えたことを否定しない）

⑤決して相手を非難せず（相手を評価するのではなく、問題を分析して解決する）

⑥さも保護者が自分で決めたかのように応援して（自己決定に必要な援助に徹する）

⑦内緒ごとは守る（同意なくプライバシーにかかわる事柄を漏らさない）

ということです。

　これらを表情豊かに表現し、外から見ても「寄り添ってくれているんだな」と思える態度で保護者と接するように気をつければいいのです。

　特に、人にとって「共感」は非常に大切です。共感してもらえずに叱られたり、アドバイスされたりすると、理不尽だと感じ、怒りの感情へと変換されてしまいます。ですから、最初に共感の姿勢を示します。そのために最適なワードが「かわいい」です。というのも、子どもの姿は全般的に「かわいい」ものだからです。でも、その「かわいい」の基準は人それぞれ全く異なります。おそらく実際には「かわいい」の内容はバラバラですが、子どもの姿への「かわいい」の一言で保護者とつながり、共感することができるのです。そして、特に女性は、また子育てを女性と同様に担っている男性は、共感性が高い人が多いことがわかっています。子ども中心に「共感」でつながること。これが子育て中の保護者と保育者の理想的な関係です。

「相談してよかった」

筆者が子育て支援を行うなかで実際に聞いた保護者の声を紹介します。

下の子が生まれたとき、お姉ちゃんが赤ちゃん返りをして、下の子と同じように泣いたり、今までできていたことができなくなったりしたことがありました。子どもが2人になってパニックだったうえに、パパもいないワンオペでヘトヘトになってしまい、どうすればいいのかわかりませんでした。

　毎日毎日キツくて、誰に相談すればいいのかもわからず困っていたとき、声をかけていただいたことがきっかけで先生に相談することができました。教えてもらったとおりにしたら、本当に上の子が変わりました！　あのままだったら、もしかしたら子どもがかわいくなくなっていたかも……。本当に感謝です！（Tさん）

子どもが発達障害なのではないかと思って、毎日つらくてどうすればいいのかもわからず、泣くことの多い日々でした。何冊か育児本も買っていたので、子どもへの接し方にも気をつけて、「叱っちゃいけない」「褒めて育てなければいけない」とすごく頑張っていました。

　でも、先生に「ママは自然体でいいよ」と言っていただき、子どもにもダメなことは注意していいと知って、育児のやり方が180度変わりました。「褒めると叱るはワンセット」のおかげで、子どももどうすればいいのかがわかってきているように感じます。まだまだ大変な子ですが、私もこれなら母親をやっていけると思いました。（Kさん）

【参考文献】
・厚生労働省「保育所保育指針」2017 年
・国立教育政策研究所教育課程研究センター「令和 4 年度全国学力・学習状況調査」2022 年
・齊藤智「高齢者における長期記憶検索とワーキングメモリ——苧阪論文へのコメント」『心理学評論』第 52 巻第 3 号、2009 年
・澤口俊之『「学力」と「社会力」を伸ばす脳教育』講談社、2009 年
・澤口俊之『夢をかなえる脳』WAVE 出版、2011 年
・澤口俊之『「やる気脳」を育てる』小学館、2012 年
・新・保育士養成講座編纂委員会編『新・保育士養成講座 第 3 巻 発達心理学』社会福祉法人全国社会福祉協議会、2002 年
・高島明彦監修『面白いほどよくわかる脳のしくみ——記憶力、発想力、集中力はすべて脳がつかさどる』日本文芸社、2006 年
・タキトゥス、泉井久之助訳註『ゲルマーニア』岩波書店、1979 年
・内閣府・文部科学省・厚生労働省「幼保連携型認定こども園教育・保育要領」2017 年
・ベネッセ教育総合研究所「幼児期から小学 1 年生の家庭教育調査・縦断調査」2016 年
・丸山淳市・藤桂「職場ユーモアが心身の健康と業務成果への自己評価に及ぼす効果」『心理学研究』第 87 巻第 1 号、2016 年
・三宅優・横山美江「健康における笑いの効果の文献学的考察」『岡山大学医学部保健学科紀要』第 17 巻第 1 号、2007 年
・明和政子『ヒトの発達の謎を解く——胎児期から人類の未来まで』筑摩書房、2019 年
・茂木健一郎『男脳と女脳——人間関係がうまくいく脳の活用術』総合法令出版、2014 年
・森本邦子『脱ひきこもり——幼児期に種を蒔かないために』角川マガジンズ、2009 年
・文部科学省「幼稚園教育要領」2017 年
・文部科学省初等中等教育局特別支援教育課「通常の学級に在籍する特別な教育的支援を必要とする児童生徒に関する調査結果について」2022 年

こんなとき、
こう答えよう
保護者からの相談は
保育者の専門性を
伝えるチャンス

おむつはそのうち自然にとれるんですよね？

>  保護者　：　うちの子、トイレに行きたがらないんですよね。
>
> 保育者　：　**トイレが怖いのかな？（①）**
>
> 保護者　：　無理はさせたくないんですけど。
>
> 保育者　：　**そうですね。無理をさせるというより、おまるに慣れておくといいかも しれないですね。（②）**
>
> 保護者　：　おむつはそのうち自然にとれるんですよね？
>
> 保育者　：　**自然にはとれません。一人ひとりのタイミングで応援してあげれば とれますよ。（③）**

会話の解説

　子どもがトイレに行きたがらない要因を探りたいので、①でそれを引き出す質問をしました。もしトイレを怖がっているのであれば、トイレを楽しくする工夫（51ページ）を伝えます。

　保護者の回答から、「無理」や「強制」に抵抗があると感じ取った場合、子どもに「無理」をさせることが、子どもの人格をゆがめるととらえている可能性があります。しかし、「無理」という言葉で、子どもの豊かな体験や文化的な素養を貧困にしてしまう懸念もあります。ですから、②では「無理」ではなく「慣れる」という表現で、その大切さを伝えるようにしました。

　③では、おむつが自然にとれると考えている保護者に対して、おむつは大人が人為的につけさせているからこそ、とろうとしないととれない事実を伝えました。排泄は、生得的に自然に自立するものではなく、文化として教えることで獲得するものであるため、一人ひとりの適切なタイミングを見つけて応援すべきだということを保護者に伝えました。

保育者の支援ポイント

●トイトレには一人ひとりにタイミングがある

●「無理」させることと「応援」することは別物

一人ひとりのタイミングで応援すればとれますよ

生活

おむつ

●無理と強制が必要なこともある「愛着形成」

　子どもの心身の健全な育ちには、「愛着形成（アタッチメント）」が必須です。愛着形成には、①見つめ合い、②語りかけ、③肌の密着（スキンシップ）の３つが大切です。ところが、近年の保育現場では、発達障害の可能性が考えられる、いわゆる「気になる子」が増加し、抱っこを拒絶するなどといった感覚過敏のある子も出てきました。しかし、子どもが嫌がるからと抱っこしないでいると、スキンシップを含めた人とのかかわりが極端に減少し、愛着形成がなされず、その後の対人関係の発達に歪みが生じます。だからこそ、子どもが嫌がっているように見えても、抱っこの仕方を工夫しながら、抱っこを諦めない、つまり愛着形成を諦めないことも、子育てには必要になってきます。

　そのプロセスにおいては、もしかしたら「無理」に見えることや「強制」に見えることもあるかもしれません。ですが、ここでは「無理」「強制」がダメなのではなく、愛着形成が築けないことがダメなわけです。

　子育てにおいては、身につけさせたいことでも、子どもが嫌がると保護者が根負けしてしまうことがたくさんあります。だからこそ、子育ての想いや願いといった本筋を見誤らないように応援することも大切な保護者への支援となります。

NG 対応 ▶ 「無理する必要はないですよ！」

「排泄の応援」＝「無理させること」と考えていたり、「無理」「強制」という言葉を極端に嫌っていたりする保護者もいるので、これらの言葉の使用には注意が必要です。

※排泄を覚えさせようと頑張っている保護者には〇対応。

まだ1歳半なのに、
もうトイトレ始めなきゃいけないんですか？

保護者 ： おむつを替えたいのでトイレお借りしてもいいですか？

保育者 ： どうぞ！　子ども用トイレも使いますか？（①）

保護者 ： まだ1歳半だし、トイレは早くないですか？

保育者 ： トイレを怖いと感じる前に始めると、お子さんは楽しめるし、
大人もイヤイヤされなくて楽ですよ。（②）
おしっこやうんちをしたそうな様子があるときはないですか？（③）

保護者 ： うーん……。そういえば、突然動かなくなるときがあります。

保育者 ： ○○ちゃん、自分で感覚がわかるんですね！　「トイレ行きたい」って
言葉で伝えられないだけかもしれないですね。（④）

保護者 ： そっか……。気づかなかったです！　わかっているんですね！

会話の解説

　①では保護者にトイトレ開始時期に気づいてもらおうと、あえて「子ども用トイレ」という言葉を出して返事をしました。

　②では子どもは成長とともに「恐怖の感情」が芽生えることを伝えました。一度でもトイレを怖い場所だと感じてしまうと、怖くないと理解してもらうのは大変です。子どもがトイレを怖いと感じないためには、トイレという場所に慣れるのが一番の近道です。また、成長とともに動きが大きくなるとおむつ替えの負担は日々増加します。トイトレを早く始めると、保護者にもメリットがあることを伝えられるとよいでしょう。

　③・④のように、子どもが排泄したいサインを出していることへの気づきを促し、成長をともに喜ぶことで、トイトレに前向きになってもらうことも大切です。保護者は、排泄の自立＝トイトレ開始、と考えている人が多いようですが、排泄の自立＝トイトレの完了、です。自立の前にはトレーニング期間が必要なことを知らせると、今後の見通しをもってもらえるでしょう。

保育者の支援ポイント　●子どものメリットを伝える　●保護者の気づき＝トレーニング開始

「怖い」と思う前にトイレに慣れるといいですよ。
ママが気づいたときこそ、トイトレ開始時期です

トイトレ開始の目安
① 歩行が安定する
② 言葉が出る
③ 排泄の間隔が一定

**トイトレ（開始）の
遅れによるリスク**
① 小学生以降の昼間のおもらし
② 歩行への悪影響
③ 便秘・腰痛の要因

**トイトレは
この3つを押さえて
応援しましょう！**

**トイトレを楽しむ
テクニック**
おすわりができる6か月頃から遊び感覚でトイレに座ることに慣れるだけでOK！
トイレ周りにおもちゃを置いておくのも◎

生活

トイトレ

● 0・1歳は「お尻で考える時期」

排泄に関していえば、大人はパンツで緊張し、トイレで緊張が緩むものですが、トイトレ前の子は、その逆です。

生まれたときから数年かけて身についたこの感覚を急に反対にすることは難しいもの。おむつで排泄をしていた年数＝トイレでの排泄を覚える年数、ともいわれます。早めのトイトレ開始は親子両方にメリットがあることを伝えましょう。

NG対応▶「おむつはいつかとれるから大丈夫ですよ！」

トイトレを開始しなければ、おむつがとれるのが遅くなります。
保護者が関心をもっているタイミングを逃さないようにしましょう。
※深刻に悩んでいる保護者には〇対応！ トイトレをしているなら本当にいつかとれます。

2歳2か月・女の子

どうすれば
自分からトイレに行ってくれるようになりますか？

> 保育者 ： お子さんのお手洗い、大丈夫ですか？（①）
>
> 保護者 ： うちの子、自分からはトイレに行きたがらないんです。
>
> 保育者 ： 誘わないとダメかもしれないですね。（②）
>
> 保護者 ： 誘っても行ってくれないんです……。
>
> 保育者 ： ご家庭では、パパやママがお手本だから、一緒に個室に入ることが
>   学びになるかもしれませんね。（③）
>
> 保護者 ： なるほど……。気づきませんでした。

会話の解説

　保護者がトイレの必要性に気づいたときが、トレーニングの開始時期（49 ページ）です。まず、①でそのきっかけを探りました。

　自然界では自分の好きなところで排泄します。トイレでの排泄は、文明の発達により生まれてきた文化の一つです。ですから、これを身につけさせたい場合はトレーニングが必要です。そこで、②・③で「一緒に行こう（決して一人ではない）」と保護者がトイレに誘導することが必要だと伝えています。

　子どもの学びは、模倣からです。保育所などで集団生活をしている子は、トイレに行く同年代の子の姿を見ているので、トイレに行くことを覚えていきますが、家庭でパパやママと過ごしている子は、人がトイレに行って座っている姿を見たことがありません。ですから、保護者がトイレに行くお手本を見せることが学びになると認識してもらえるように、③で促しました。

保育者の支援ポイント　●排泄は誘導が必要　●排泄のモデルは保護者

一緒に個室に入ってあげましょう

●トイレを居心地のいい場所にしよう！

　トイレが暗くて狭くて汚いと、子どもも怖いと感じて嫌がります。トイレに親子で長居できる工夫があるといいですね。例えば、子どもの排泄につきあうときには、子どもと同じ目線でおしゃべりを楽しんだり、歌を歌ったり、ちょっと絵本を読んだりしてもいいです。トイレを居場所の一部と考え、居心地のいい場所へとアレンジしましょう。そんな、大人の発想の転換が必要であることを伝えてください。

●親子が楽しめるトイレのアレンジ

①おもちゃや本の置き場を作る

トイレにしかないものがいいでしょう。おもちゃをゴムでタオル掛けなどにつけておくと、子どもが便器に落とすのを防げます。

②保護者が座るいすを置く

折り畳み式のいすをトイレ内に置いておくのも便利です。子どもの排泄に気持ちよく付き合えます。

③リラックスできるグリーンを置く

子どもが届かず、保護者の目線に入る位置に、リラックス効果のあるグリーンを置くのもいいですね。

生活

トイトレ

おねしょが続いていて……。
いつ治りますか？

保護者 ： おねしょがなかなか治らなくて……。いつ治りますか？

保育者 ： 夜はおむつはどうしていますか？（①）

保護者 ： つけています。

保育者 ： ちょっと勇気がいりますが、おむつは外してしまったほうが、
気持ち悪さをお子さんが理解するので外れやすいですよ。（②）

保護者 ： えーっ！　布団も濡れちゃうくらい、すごい量なんですが。

保育者 ： まず、ポイントがあるのでそれを踏まえてください。そうすると
おねしょが改善されます。おねしょを卒業したら、汚れた布団も
新しくしちゃいましょう！（③）

保護者 ： なるほど。濡れた布団のことばかり考えていました。

会話の解説

　まず、①でおむつをけて寝ているかどうかを尋ねました。基本的に、紙おむつではおしっこをしても吸収されてしまうので、子どもは「お尻が濡れて気持ち悪い」という感覚を体験することができません。まずは紙おむつを外して、その感覚を体験してもらうことが必要ですが、後始末は大変です。

　そのため、②では、「勇気がいる」と応援しながら、それらを伝えました。さらに、おねしょシートやおねしょパッドなどを活用すれば、布団が濡れることを回避しながらおねしょの卒業を応援することができることも伝えてあげると、保護者は安心するでしょう。

　身体が成長するとともに布団も大きくなります。悩みの最中にいる保護者に対して、③では「おねしょをしなくなったら布団を新調する」と割り切ってもらい、気持ちが楽になるような声かけをしています。

保育者の支援ポイント　●汚れた布団はおねしょ卒業とともに片づける

おねしょは応援ポイントを踏まえると改善されますよ

●おねしょ卒業へ向けた応援の3ポイント

①夕方からの塩分量

おやつや夕食は薄味にして、のどが乾かないようにしましょう。

②水分の合計量

子どもは尿をためられる量が少ないので、水分を多くとってしまうと、その分排泄量が増えます。おやつのジュースや牛乳、夕食のお味噌汁などに気をつけましょう。

③熟睡する

ぐっすり寝ると、抗利尿ホルモンが分泌され、おねしょをしにくくなります。反対に、浅い睡眠だと、抗利尿ホルモンが出にくくなり、おねしょをしやすい状態に。頻繁に起こしてトイレに行かせるのは逆効果です。

●子育てには勇気！

おねしょをする時期に紙おむつではなくパンツをはかせるには、保護者の「布団は捨てればいい」「自分も濡れてもいい」という覚悟と勇気が必要です。そもそも、子どもに何かを教えるときは勇気が必要です。

どんなときにも勇気をもって、自分のために頑張ってくれるパパやママに子どもは信頼を寄せ、安心感を獲得します。子育てのカギは、パパやママの勇気であることを伝えましょう。

NG 対応▶「大きくなったら治りますよ」

気持ち悪いという皮膚感覚を体験しないと、おねしょが治ったりおむつが取れたりはしません。

ごはんを食べてくれません。
いい方法はありますか？

保護者 ： うちの子、全然ごはんを食べてくれないんです。

保育者 ： おやつも食べませんか？（①）

保護者 ： おやつは食べるんですけど……。

保育者 ： それなら、お腹がすく時間がないのかもしれないですね。（②）

保護者 ： なるほど。気づきませんでした。

保育者 ： 食器はどんなものを使っていらっしゃいますか？（③）

保護者 ： 普通の陶器のものですが……。

保育者 ： 陶器のものは、重くて使いにくいかもしれませんね。底にかわいい
絵が描いてある子ども用の軽いものにして「食べてピカピカになった
お皿を見せて！」ってお願いするのも一つの手ですよ。（④）

会話の解説

　食事の間に無意識に間食をとっていることもあります。それに気づいてもらうため、①の質問をしました。特に気づかないのがジュースや牛乳などの飲みものです。これでお腹が満たされてしまうとますます食べなくなるのですが、気づいていない保護者は結構多いものです。次に②で子どもにお腹がすくリズムを獲得させたいことを知らせました。

　また、食器を活用して子どもの食事を応援するのも一つの手です。そのため、③で家庭でどのような食器を使っているかを聞き出し、それが子どもに合っているかどうかに気づいてもらえるようにしました。子ども用の子どもの手に合った食器を使うことが、食事をスムーズに進めるうえでの大前提です。

　なお、「食事は誰ととっていますか？」と聞くと、ママは一緒に食べていないこともあります。実は、子どもはみんなと一緒なら食べられるのに、一人だと食べられないことが結構あります。そこで、④のように、子どもに達成感をもってもらえるような保護者のかかわり方（56ページ）を伝えました。

保育者の支援ポイント ●ごはんを食べない背景に間食がある ●子ども用食器の使用を勧める

間食に気をつけ、
食器にも配慮してみてください

① 2 歳頃までの腸内環境が認知能力を決める

0・1・2 歳頃の食事は非常に重要です。なぜなら、食べものにより作られる腸内環境がその子の人生を左右する認知能力を決定するからです。つまりこの時期に何を食べたのかがその子の人生を決めるといえます。

②食事の品数で学力が決まる

朝食の品数がパンだけといった 1 品のみの子と、3 品以上の子では、学力に大きな差があることが明確になりました。食事は量だけではなく、質も大切です。

③知的エネルギーまでとる

食事からとれるエネルギーは、ピラミッドの下から順に使われます（図 3 ─ 1）。知的活動に至るまでには一定量が必要です。しかも、脳をはたらかせるには、身体を動かすよりも、多くのエネルギーが必要です。常に脳がはたらいている子にするためには、よく食べさせることが必要です。

図 3 ─ 1　食事エネルギーのピラミッド

知的
エネルギー

運動エネルギー

生命保持のエネルギー

(NG 対応 ▶)「お腹がすいたら食べますよ」

お腹がすいていても、ごはんをあげなければ食べません。しかも気づかないうちにおやつを食べてしまっているとお腹はすきません。原因を探して保護者に気づかせてあげることが必要です。

コラム③

食卓で育つもの

事の目的は、生きるのに必要な栄養素をとることだけではありません。人と食事をすることによって、以下のような力が育ちます。

生活技術力　社会性の一部を担う生活技術力は、所属している文化が求める様式で食べる力です。その力は伝承されて身につきます。

マナー・ルールの実践力　2・3歳頃までについた食のマナーが一生のマナーといわれます。なぜなら、このときに「注意されたことをやめる」という習慣を身につけるからです。

自立心　自分で食事をとる＝生物としての第1歩！　乳幼児なりの自立を果たすことが、大人になって自立を迎えるために必要です。

自己肯定感　食事は、できたこと、自分できれいに食べられた！　ということが目で見て分かりやすく、自信・自己肯定感を育成しやすいです。自己肯定感は、自分のできたことを受け止めてもらう、認めてもらう、評価してもらうといった体験を通して獲得されていきます。

愛情　食事があること＝存在を認めてもらうことであり、食を分かち合うこと＝生を分かち合うことです。そのため、食を分かち合うと仲間意識が高まったり、愛情が深まったりします。

コミュニケーション力　コミュニケーションとは自分の意思伝達の実践と相手の反応の読み取りです。食卓を囲むことで、特定の相手とこの練習を繰り返すことができます。

食の怖さとすごさ

行に走った子どもの7割が食事を「家族と食べない」と回答しています。また、アメリカの少年院やスラム街を対象に行われた調査では、ジャンクフード（ポテトチップスやハンバーガーなど）を排除しただけで学力が向上したり、暴力が激減したりしたことが報告されています。

そして、文部科学省の小・中・高生の学力と朝食との関連についての調査でも、食が学力を左右することが示されています。そして食の乱れと犯罪についての指摘もあります。当然ですが、人の身体、人の脳細胞もすべて食べたものからつくられています。ですから、何を食べるのかが身体や人生を左右するのは、当たり前のことともいえます。

それなのに、生活が便利になり、コンビニエンスストアに行けば何でも手に入るような現代社会において、食事には手を抜きがち、気を抜きがちです。そして、乳幼児期の子どもたちは自分で食に気をつけることができません。ですから、大人が食の怖さとすごさを忘れずに子どもたちの食を守っていきたいものです。

生活

野菜を全然食べてくれません。
食べないなら出さなくてもいい？

保護者 ： 野菜を全然食べてくれないんです……。

保育者 ： 身体のためには何でも食べる習慣を作るために、野菜も出せると
いいですね。（①）

保護者 ： どうせ残すから出さなくてもいいかな？　と思ってしまって……。

保育者 ： 実は、お子さんは今、食習慣を作っている時期なので、大人になって
生活習慣病にならないためにも、何でも食べられると
いいですね。（②）

保護者 ： でも、野菜を見ると口を開けないんです。

保育者 ： それなら、見た目を工夫してみましょうか。（③）

会話の解説

　苦手な食品を受け入れることが、苦手な事柄やさまざまな人を受け入れることにつながるのが乳幼児期です。そこで、①のように、なぜ野菜を食べることが必要なのかを食の幅や興味の幅を広げる手段の一つとして伝えました。

　実は、1・2歳頃の食の乱れは、将来の肥満や生活習慣病発症のリスクを高めます。②では、子どもたちが将来苦しい思いをしないように、保護者は乳幼児期にいろいろなものを食べられるよう応援する必要があることを伝えました。

　野菜を食べない理由が見た目なら、見た目を変えればいいのです。離乳食後期に野菜を小さくしすぎて一気に完了期を迎えてしまった場合、野菜を食べにくいものと学んでしまった可能性もあります。その場合、改めて食べやすいところからやり直して、野菜は食べられる食材なんだと学び直してもらう必要があるため、③のように提案しました。

保育者の支援ポイント　●子どもが野菜を食べない理由を探る　●食の偏りのリスクを知らせる

大人になって生活習慣病にならないためにも、工夫して応援しましょう

●野菜嫌いを克服する工夫

野菜嫌いな子への工夫

見た目で苦手な子
①キャラ弁や型抜きを活用
②楽しんで食べられるよう
工夫すると◎

食感が苦手な子
①すりおろしたり、粒を少しずつ大きくしたりする
②あんかけソースにして食感を変える

味が苦手な子
味覚は舌の奥にかけて発達していく（65ペー
ジ）。舌の奥まで食材を入れると甘味以外も食べられる！
甘く煮るのも一つの手！

●保護者の表情が子どもの食を決める

乳幼児期であれば、「ちょっと食べてごらん」と言って食べさせて「おいしいね」で締めくくります。この時期は、保護者の表情が子どもの行動を決める（109ページ）ので、「おいしいね」と言ったときの保護者の表情が大切です。子どもは体験から学ぶので、応援を繰り返すことで苦手でなくなる子も多いです。

NG 対応 ▶ 「野菜ジュースで代用してもいいですよ」

野菜を含め、さまざまな食材を咀嚼し嚥下するというプロセス自体が、身体だけでなく脳を育むことにも直結します。

いすに座って食べてくれない……。
どうすればいいですか？

> 保護者 ： うちの子、じっとしていられなくて、食事のときも立ち歩くんです。
>
> 保育者 ： 小さい子を座らせるのは大変ですよね。でも、座ることを覚えるのは大切だから、教えてあげたいですよね。（①）
>
> 保護者 ： いすに座ってくれないので、追いかけて食べさせているんです。
>
> 保育者 ： ママやパパの膝の上といすの交互でもいいので、座れるように手伝ってみるのも手ですね。（②）
>
> 保護者 ： そうなんですね。膝の上でもいいなんて知りませんでした！
>
> 保育者 ： 子どもはちょっとした気分転換で機嫌よく食べられますから。（③）

会話の解説

　将来（就学後）苦痛なく座っていられるためにも、座ることを覚えるのはとても大切です。2歳の子の保護者にとってはまだ先のことでも、幼児期に獲得しておきたい大切なこととして知ってもらいたいという意図から、①で座ることを覚えるのは大切だと伝えました。

　いすに座って食べていても立ってしまったら、次は座布団や床、保護者の膝に座って、最後はいすに戻って……と、座る場所を少しずつ変えるといったように、②では具体的な工夫の仕方を伝えました。大切なのはいすで始めていすで終わること、いすの下にピクニックシートを敷けば、片づけが楽なことなども付け加えられるとなおよいでしょう。

　子どもはずっと同じ姿勢でいるのがつらいことも多いです。あまりにも動いたり騒いだりしたら、少し部屋を散歩する、手を拭いてすっきりするといった「ちょっとした気分転換」が大切なことにも気づいてもらえるよう、③のようにさらっと伝えました。

保育者の支援ポイント ●食を通した姿勢保持力　●気分転換の大切さ

まずパパやママが抱っこして、座れるようにしていきましょう

●食事によって姿勢保持力が身につく！

図3−2　動作能力ピラミッド

認知力
思う・考える

眼球保持力
手指の操作能力

姿勢保持力

下から順にできるようになると、ものを考えたり
理解したりすることができます。

次に、指先をたくさん動かして、細かい手指の
動きを応援していくと、手指の操作ができるよ
うになります。それに伴い、じっと見ることも
できるようになります。

まず、姿勢を保持する筋力をつけることが
大切です。自分の体を制御し、実際に体を
動かしてたくさん運動をすることにより、
姿勢を保持する筋力がつきます。

　就学後の課題となるのが、考えることを中心とした、計算する力や文字を書く力の獲得
です。でも、その前に「座り続ける力」、つまり姿勢保持力が獲得できていないと、就学
後の学力を習得できません。

　姿勢保持力の次に獲得したいのは、眼球保持力（じっと見る力）です。人の成長を見る
ときや発達が気になる場合に、知能検査（WISC-IV など）や発達検査（新版K式発達検
査など）を受けることがあります。保護者はその結果で一喜一憂します。しかし、その背
後にはピラミッドのような発達の大原則（図3−2）があり、上位項目をクリアするため
には下位項目の達成が求められているのです。これを念頭に置いて助言をしましょう。食
事は眼球保持力、手指の操作、姿勢保持力などを獲得させることができる優れた教材です。

NG 対応 ▶「大きくなったら座れるようになりますよ」

大きくなったらとは、いつのことでしょうか。就学後に授業で座ることが苦痛になら
ないようにするためには、生活のなかで座るべきときに座る体験と、それを保持する
力をつけておくことが求められます。

そろそろ、自分でスプーンを持つ練習をさせたほうがいいですか？

保護者 ： スプーンはいつぐらいから自分で持つのがいいですか？

保育者 ： 離乳食のときに、スプーンをお皿の横に置いておいて、つかむことを楽しめるようにするといいですよ。（①）

保護者 ： 手づかみ食べがいいって聞いていたのですが……。

保育者 ： おにぎりやパンなどの手づかみで食べるものは手づかみで、スープやおかずなどはスプーンに慣れていくことも大切かもしれません。（②）

保護者 ： 練習させないとダメですか？

保育者 ： そうですね。3歳になったから自分で食べて！　というのは無理があります。スプーンで食べることは鉛筆で字を書くことにつながりますし、お子さんにとっても食を楽しめて幸せかもしれないですね。（③）

会話の解説

　①では、具体的な時期を答えるのではなく、手と目の協応動作（見たものをつかむことができる）の視点からアイデアを提供しました。この協応動作が可能になる6・7か月頃に食具はスタートしますが、長くつかんでいられるようになったら、保護者が手を添えて一緒に食べ進め、徐々に自立を応援する視点をもってもらえるとよいでしょう。

　手づかみ食べは0・1歳児にはよい教材（次ページ）ですが、日本では汁ものやおかずを手づかみでは食べません。こうした食文化やマナーを徐々に身につけるという意味でも、食具の使用は必要ですから、②では将来的な視点も含めて伝えました。

　スプーンを使って食事することは、鉛筆で文字を書く作業につながります。したがって、正しいスプーンの持ち方が鉛筆の正しい持ち方につながります。そのため③では、スプーンを使うことの大切さを、今後の成長過程へのつながりを含めて理解してもらえるように発言しました。楽しく食事ができるように応援できるといいですね。

保育者の支援ポイント
●食具の使用は手と目の協応動作が可能になったときから

●手づかみ食べと食具の使用は並行して行う

運筆につながりますし、大切にしたいですね

生活

●子どもの食具は脳を鍛える

　箸を持って食べることを3歳までに開始した子と4歳以降で開始した子では知能指数にも差が出るといわれるくらい、箸は脳を鍛えるのに非常に有効です。食で指先を鍛えることは命を懸けて脳や手指を鍛えることにもなるので、その効果は絶大です。

●手づかみ食べの奨励と食文化の継承

　大人が手づかみで食べるもの、例えばパン、おにぎり、野菜スティックなどは手づかみで食べるようにします。手づかみ食べは、触覚刺激により物事を判断する時期である0・1歳の子の発達には有効です。そして、この時期に力加減を覚えていきます。野菜スティックを握るのとパンをつかむのでは、力加減が異なりますよね。

スプーンを上からしっかり握れるようになったら、
下からの3本持ちを教えます。
3本持ちは箸の持ち方につながります。

　このような体験は、固有感覚（77ページ）を受容するためにも大切ですから、たくさん活用したいですね。それと同時に文化の継承も大切です。世界には食事のときに手を使う文化、ナイフとフォークを使う文化、箸を使う文化などがあり、それぞれでマナーも異なります。こういった文化を含め、礼儀やマナーも継承したいですね。大人が手づかみで食べないものは食具を使い、徐々にマナーを教えてあげましょう。

NG対応 ▶ 「そのうちに覚えますよ」

食具は文化の継承ですから、生得的に覚えるものではありません。どんなことでも、のちに覚えてほしいものは、学びにむかうように応援することが大切です。

食べもので遊んでしまうんです……。
いいのでしょうか？

保護者 ： うちの子、食べもので遊んでしまって……。

保育者 ： そうですね。パパのなかに「いいのかな？」と思う気持ちが
あるんですよね。食べものは命ですから、命を大切にすることは
伝えてあげたほうがいいですね。（①）

保護者 ： どのように伝えればいいですか。

保育者 ： 遊んでいると思ったら、「ダメ」と手をつかんで止めてあげても
いいと思います。

保護者 ： 「ダメ」って言ってもいいのですか？

保育者 ： 「ダメ」って言わないと「ダメ」の意味はわかりません。（②）

保護者 ： そうなんですね。

保育者 ： それに、言葉も身につけているときですから、言葉と行為が結びつく
ように応援してあげてください。

会話の解説

　保護者が疑問に思っているということは、心のなかではダメだと認識しているということです。その気づきを促し、かつ、子どもに善悪を伝えるチャンスととらえてもらえるよう、①のように答えました。

　「食」は、命がけで生き方を学ぶ教材ですから、食を通した学びの効果は絶大です。発達検査の一つである遠城寺式・乳幼児分析的発達検査には、9か月で「ダメ」がわかる、という項目がありますが、9か月になったら突然わかるのではなく、誕生から徐々に教えていると、その頃にわかるようになるのです。それを踏まえて、②のように伝えました。「ダメ」は言いたくない言葉だからこそ、保護者は発言を迷っているのかもしれません。けれども、危険から身を守り、道徳性の芽生えを養うためにも、「ダメ」なことがあると知ってもらうのは必要だと伝えてみるとよいでしょう。

保育者の支援ポイント ●食材＝生命尊重の教材 ●食で育む言葉と行為

ダメなときは「ダメ」と伝えましょう

【食で育つもの】

味覚の形成　味覚は舌先から舌の付け根に向かって発達します。舌先は甘みを強く感知するので、子どもは甘いものを好む傾向がありますが、さまざまな味を体験することにより味覚が豊かになります。

五感の育成　視覚・触覚・嗅覚・味覚・聴覚といった五感をフル回転させることができるのが食です。これにより五感も豊かに育ちます。

偏食予防　子どもは食べたことのないものは嫌いになる傾向があります。さまざまな食材に挑戦することは偏食予防になります。

消化機能の発達　お腹の中に食材が入ることで、消化機能が発達します。小さい頃に何でも食べておくと、大きくなってからお腹を壊す頻度が減ります。

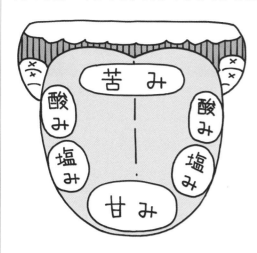

大脳・認知機能の発達　噛むという行為そのものが脳を刺激しますので、噛めなくなると認知機能も衰えます。

咀嚼（そしゃく）・嚥下（えんげ）の発達　食材を噛んだり飲み込んだりする力が育まれます。

口腔内筋力・口輪筋・表情筋　食材により、口の中や周囲の筋力が育まれ、発話や発語、発音を助けます。それに伴って表情筋も鍛えられ、表情も豊かに育ちます。

NG 対応 ▶ 「やりたいようにやるうちに覚えますよ」

子どもが楽しく食事をすることと、やりたい放題、好き勝手することを混同しないようにする必要があります。子育てにおいては、自由と自分勝手をはき違えないように教えたいものです。

夜泣きがひどくて、もうヘトヘトです。何か解決方法はありますか？

> 保護者 ： 夜泣きがひどくて毎日眠れないんです。
>
> 保育者 ： それは大変ですね。（①）
> おそらくたくさんのことを昼間に学んでいるのでしょうね。
>
> 保護者 ： でも、ヘトヘトです。何か解決方法はありますか？
>
> 保育者 ： 昼間に太陽の下で身体を使った遊びをたくさんしてください。（②）
>
> 保護者 ： 昼のことが関係するのですか？
>
> 保育者 ： 昼の活動の充実が夜のやすらぎに関与するんです。（③）
> 夜泣きは浅い睡眠のときに起こるので、ぐっすり深く眠らせると夜泣き
> しませんよ。プールや海水浴をした日の夜はぐっすり眠れますよね。

会話の解説

　保護者から苦労していそうな相談を持ちかけられたら、①のように保育者はどんな内容の相談でも、まず共感を示しましょう。そうすると、安心して本音を聞かせてくれます。

　そして、その次に夜泣きは昼の活動が影響していることも知らせます。日中に太陽の光をたくさん浴びると、夜にリラックスするホルモンが分泌されてぐっすり眠ることができます。太陽の下で身体を十分動かして遊ぶということは、子どもにとって心身の健康の源です。昼は明るく夜は真っ暗という明暗の差も、寝つきのよさを左右します。ですから、夜は部屋を暗くすることが大切です。

　そもそも睡眠は、浅い睡眠と深い睡眠とで成り立っています（次ページ）。②・③では、このような知識を伝えるとともに、プールや海水浴といった具体例を出して、自分の体験に結びつけて考えてもらうよう促しました。

保育者の支援ポイント　●昼の活動が夜に影響する　●睡眠のメカニズムを伝える

ぐっすり眠れるよう、
昼間の活動を充実させてみてください

生活

夜泣き

●睡眠のメカニズムを知る

　睡眠は、浅い睡眠（レム睡眠）と、深い睡眠（ノンレム睡眠）で成り立っています。夜泣きは浅い睡眠のときに出てきます。いわゆる「寝ぼけている」状態です。夜泣きの状態には、目をギュッとつぶって泣いているときと、目を開けて泣きわめいているときがあります。どちらの場合も起きているわけではなく、脳が寝ぼけている（睡眠が浅い）状態です。特に、言葉で自分の想いを伝えられなかったり、昼間に興奮するようなできごとが起こったりしたときに、夜泣きは強く現れます。なぜなら、浅い睡眠は情報処理や記憶に関与するからです。こうした睡眠のメカニズムを知ると、成長期の子どもへの理解が深まりますね。なお、浅い睡眠には情報処理や記憶、深い睡眠には疲労回復や免疫への効果があります。

●夜泣きを止めるには覚醒させる

　夜泣きは寝ぼけている状態ですから、一瞬覚醒させる、つまり起こせば泣きやみます。夜泣きをしたら、おしぼりでサッと顔を拭くなどして、いったん起こしましょう。おそらく、パッと泣きやみます。そして、「大丈夫？　びっくりしたね。また一緒に寝ようか」と優しく語りかけ、再び睡眠に誘うとすぐに寝てくれます。

（ NG 対応 ▶ ）「夜泣きはいつか治まりますよ」

> 本当にいつかは治まりますが、夜泣きは毎日のことですので、解決策が欲しいのが本音です。夜泣きはそれに付き合う保護者が疲れてしまい、子どもへの虐待にもつながりかねないため、すぐに効果が現れる対策を提案する必要があります。

夜になっても寝てくれません。いい方法はありますか？

保育者 ： お子さん、大人しいですね。（①）

保護者 ： 家ではかなり激しく動き回っているんですよ。

保育者 ： 人見知り、場所見知りするほうですか？（②）

保護者 ： うーん。夜寝ずに起きて騒いでいるので疲れているのかも……。

保育者 ： いつも何時頃に寝ていますか？（③）

保護者 ： 夜11時か、12時くらいまで寝てくれません。

保育者 ： 子どもにはちょっと遅いですね。子どもは大人より長い睡眠時間が必要ですし……。（④）

保護者 ： 寝てくれるいい方法はありませんか？

保育者 ： 「入眠の儀式」を大切にするといいかもしれませんね。（⑤）

会話の解説

　遊べていない子どもの様子から、①のように声をかけました。

　性格によっては、人や場に慣れるのに時間のかかる子もいるので、保護者のかかわり方を援助すべき場合もあります。それを探るため、②のように尋ねました。

　③では家庭の現状を知るため、具体的な答えをもらえる質問をしました。

　それを受けて、④で子どもにとっての理想の睡眠時間があることを知らせました。大人は7時間から8時間の睡眠で十分でも、たくさんの事柄を学んでいる最中の子どもには、もっと長い睡眠時間が必要です（次ページ）。なぜなら、睡眠は学習や記憶に関与するからです。

　最後に⑤で、子どもが毎日同じ生活パターンで寝ることができるように、「入眠の儀式」を大切にすることも提案しました。知識を提供することで、新たなアイデアも受け入れてもらいやすいでしょう。

保育者の支援ポイント ●子どもには十分な睡眠時間が必要　●入眠の儀式を大切にする

「入眠の儀式」を取り入れてみてはどうでしょうか

●理想の睡眠時間

　成長期の子の脳が十分にはたらき、心も身体も健康であるためには、理想的な睡眠時間の確保が必要です。全米睡眠学会が全米睡眠財団と共同で発表した、各年齢の理想の睡眠時間（表3−1）を参考に、理想に近づけていきたいですね。

表3−1　幼少期の理想の睡眠時間

年齢	必要睡眠時間
乳児（0〜3か月）	14〜19時間
乳児（4〜11か月）	12〜16時間
幼児前期（1〜2歳）	11〜14時間

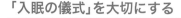

「入眠の儀式」を大切にする

絵本の読み聞かせをしたら寝る、ママのお話が始まったら寝るなど、毎回必ず行う事柄（儀式）が大切

入眠のテクニック

寝る部屋は暗くする

目が明るさを感知して昼と夜を判断している
夜の明かりは蛍光色より目に優しい電球色

添い寝をする

寝つくまではそばにいてあげると◎
肌のぬくもりを感じると、安心して眠りにつくことができる！

NG対応▶「眠くなったら寝ますよ」

夜、明るい部屋でテレビやスマホを見たりしていると、興奮して眠くなりません。それで眠くなるのは、目が疲れているからです。目が疲労するまで見ていると昼夜逆転してしまいます。昼夜逆転生活は、中高生でうつ病を発症するリスクを高めます。

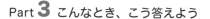

朝、何をやっても起きません。
これでいいの？

保育者　：　お子さん、疲れているのかな？（①）

保護者　：　実は朝がダメなんです。毎日何をやっても起きなくて……。
これでいいんですかね？

保育者　：　もしかしたら、夜寝る時間が遅いとか？（②）

保護者　：　うちは家族で早いほうだと思います。

保育者　：　夜は何時くらいに寝ますか？

保護者　：　夜10時頃には布団に入っています。

保育者　：　大人はそれで十分ですが、お子さんには足りないかもしれませんね。
だから朝起きるのがつらいのかもしれないですね。（③）

保護者　：　なるほど。十分寝ていると思っていました。

保育者　：　朝はカーテンを開けて明るくするのも目覚めには効果的ですよ。（④）

会話の解説

　ちょっとしたことでイライラしたり、他児とトラブルになったりする様子の背後にある要因を探るため、①のように声をかけました。

　朝、起きられないのは、睡眠不足が原因である場合が大半ですので、②で夜間睡眠が足りているかどうか聞いてみました。

　年齢によって理想の睡眠時間が異なる（69ページ）ことに気づいてもらうため、③のように伝えました。

　朝起きるためには、目が明るさを感知することが必要ですので、④でその具体的な提案を行いました。

保育者の支援ポイント　●子どもと大人で必要な睡眠時間は異なる　●朝の目覚めは明るさから

朝になったらカーテンを開けて 部屋を明るくしてみてください

朝日が入る薄手の カーテン
遮光カーテンでは明るさを感知できず、生活リズムが乱れがち。レースのカーテンが◎

朝、
すっきり目覚める
ポイント

外気にふれる習慣
朝起きたら窓を開け、空気を入れ替える
新聞をポストから取ってくる

朝食のにおいで誘導
ご飯やパンのにおいで嗅覚を刺激し五感を目覚めさせる

生活

起きない

●生活リズムの乱れ・睡眠不足がもつリスク

　生活リズムが乱れるとホルモンバランスが崩れるため、乳幼児ではイライラしやすく、小学生以上では不登校・ひきこもり・うつ病等の発症率が上がります。

　学習記憶定着のはたらきをもつ睡眠の不足は認知能力の低下につながり、自己肯定感が低くなる可能性が高まります。また、睡眠はリラックス効果や心身の疲労回復にも関与するので、それを欠くと日中のトラブルやケンカが多発し、不注意によるけがのリスクも高まります。

1歳6か月・女の子

パパの帰りに合わせて夜遅くまで起こしていて……。いいのでしょうか?

> 保育者 : お子さん、眠くなっちゃったのかな?(①)
>
> 保護者 : 実は毎日パパの帰りが遅くて……。
>
> 保育者 : **ママ大変ですね。お一人で頑張っているんですね。(②)**
>
> 保護者 : そうなんです。それにパパとのコミュニケーションも大切だし……。夜遅くまで起こしているんです。
>
> 保育者 : **お子さんがパパに合わせるのではなく、パパがお子さんに合わせるスタイルを模索してもいいのかもしれませんね。(③)**
>
> 保護者 : パパは遅くに帰ってくるから朝起きるのも遅いし、どうすればいいのかしら?
>
> 保育者 : **パパにとっても朝食抜きはよくないですから、お子さんの朝食のときに一緒に起きて、その後少しリラックスタイムを取るとか……。私からパパにも提案してみましょうか?**
>
> 保護者 : なるほど! やってみます。

会話の解説

　元気なはずの午前中に「静」の活動(絵本の読み聞かせなど)を行ったとき、眠ってしまう気になる姿を見かけたので①のように声をかけました。そこには体力不足や生活リズムの乱れといった問題が潜んでいるので、解決の方法を一緒に探ります。

　ママにせよパパにせよ、ワンオペは大変です。そんな状態をキャッチしたら、心を寄せてあげましょう。②で、保育者はまずはねぎらいの言葉をかけました。

　③では、保護者中心の生活リズムになっていないか、やんわりと指摘しました。子どもにとっての理想の生活リズム(次ページ)を守りながら、保護者の生活を組み込んでいく方法を一緒に考え、その家庭における理想を模索していきます。

保育者の支援ポイント

●理想的な子どもの生活リズムを知らせる

●子どもの生活に保護者が合わせるように伝える

パパがお子さんに合わせてみてはどうでしょうか

●理想的な子どもの生活リズム

理想的な生活リズム（図3—3）にするコツは、①まとまった夜間睡眠を11時間ほど取る、②難しければ午睡に加えて午前寝や夕寝を取り入れる、③理想を意識する、の3つです。

図3—3　各年齢の理想的な生活リズム

0歳

6:00	7:00	8:00	10:30～11:00	11:30	15:00	16:00	17:00	18:00
起床	朝食	活動開始	午前寝	昼食	お昼寝	お風呂	夕食	就寝

1・2歳

6:00	7:00	8:00	11:30	15:00	18:00	19:00	20:00
起床	朝食	活動開始	昼食	お昼寝	お風呂	夕食	就寝

3・4・5歳

6:00	7:00	8:00	12:00	15:00	18:00	19:00	20:00
起床	朝食	活動開始	昼食	お昼寝	お風呂	夕食	就寝

●生活リズム改善のメリット

①心も身体も頭も育ちざかりになる！（成長ホルモンの分泌）

良質な睡眠と生活リズムは、身体や脳細胞を作る成長ホルモンの分泌に必須です。

②頭のいい子になる！（副腎皮質ホルモンの分泌）

副腎皮質ホルモンは、毎日の規則正しい生活によって分泌されます。活動開始の2時間前には起きて朝食をとり、適度に日光を浴びるようにしましょう。

③病気になりにくい子になる！（免疫ホルモンの分泌）

睡眠には疲労回復効果があり、免疫ホルモンの分泌を左右します。

NG対応▶「コミュニケーションも大切ですものね」

夜寝るのが遅いことと、コミュニケーションの問題とは、分けて考えるべきです。規則正しい生活リズムでコミュニケーションも取れる方法を提示できるといいですね。

毎朝、着る服でもめています。
どうすればいいですか？

> 保護者 ： うちの子、服にこだわって毎朝もめています。
>
> 保育者 ： ママは何か想いがあるんですか？（①）
>
> 保護者 ： あんまり変な服は、親のセンスを疑われるかと思って……。
>
> 保育者 ： 子どもはよくても、大人はあれ？　って思うことありますものね。
>
> 保護者 ： そうすると、怒って泣きわめいて言い合いになるんです。
>
> 保育者 ： ところで、お子さんはどんな遊びが好きですか？（②）
>
> 保護者 ： お兄ちゃんの後をついていきたがるんです。
>
> 保育者 ： それなら遊びが広がるように、普段は動きやすい服がいいかも
>   しれませんね。子どもは動きにくい服装を避けることもありますし、
>   お兄ちゃんにあこがれもあるかもしれませんね。（③）
>
> 保護者 ： 動きやすいかどうかは考えたことがありませんでした。

会話の解説

　着る服でもめるのは、子どもにも保護者にもこだわりがあるからです。①では保護者のこだわりを尋ねました。特に動きにくそうな服装の場合は助言が必要です。

　好きな遊びの種類（公園のすべり台など）によっては動きにくいことがあるかもしれません。②でどのような場面で遊ぶことが多いのかを尋ねました。服装が遊びを制限している場合もあることを知らせたいという意図もあります。

　上に異性のきょうだいがいる場合、上の子と同じ格好をしたがることもありますので、③のように発言しました。遊びの幅を広げることのできる服装が、乳幼児期にはふさわしいことを理解してもらうことも大切です。

　また、性自認も形成される時期ですので、性差への意識ももちながら、動きやすい服装であることを原則に、親子で衣服を選べるとよいでしょう。

保育者の支援ポイント

●子どもの服装は動きやすいことが原則

●服でもめる＝親子でこだわりが異なる

●子どもの育ちをサポートする日常の衣服選びのポイント

　子どもは日常生活から動きを学び、身体を動かす技術を身につけていきます。ですから、日常の衣服は子どもの成長を妨げないことを基準に選ぶことを心がけたいものです。

①ワンサイズ上のシャツやズボン
着脱の練習もしやすく、身体も動かしやすくなります。小さいうちは成長の速度も速いので、ワンサイズ上のものを選ぶとよいでしょう。

②華美な装飾のついていないもの
装飾が公園の遊具に引っかかって衣服が破れたり、動けなくなったりして危ないので、装飾のないものにします。

③フードのついていないもの
遊んでいる際に引っかかりやすいので危険です。フードのないものにします。

④スカートの下にもう1枚インナーを
スカートの場合は、どんなに小さな子でも下着が見えないようもう1枚インナーを着せましょう。羞恥心は幼少期から育てたいですね。

⑤裏起毛や機能性インナーでないもの
子どもが体温調節機能を自分で高めるためです。また、子どもは体温が上がりやすく、冬でもすぐに汗をかいてしまいます。汗を吸いやすいものがよいでしょう。

NG 対応 ▶「お子さんが着たい服を着せてあげたらどうですか？」

> 安全かどうかや TPO に適しているかどうかなどを含め、保護者の判断が必要な場合があります。
>
> ※安全面などが確保されているのであれば、〇対応のときもあります。

いつか自然に自分で着たり脱いだりができるようになりますか？

保育者 ： もうそろそろ、着替えを自分でできるようにしちゃうと、子どもも大人も楽ですね。（①）

保護者 ： つい手を出しちゃって……。

保育者 ： 服の置き方を工夫すると、お子さんにもわかりやすいですよ。（②）

保護者 ： うーん。いつか自然にできるようになるかなと思って。

保育者 ： 着替えは練習しないとできるようになるのは難しいですね。それに、小さい子にとっては自信をつけるいい教材でもありますよ！（③）

保護者 ： そうなんですね。

保育者 ： 見た目で一人でできたことがわかりやすいですし、お子さんが自分の身体を知るチャンスでもありますよ。（④）

会話の解説

　少し年齢の上がってきた子どもの着脱を、保護者がすべてやってしまう様子がみられたら、子どもが自分でできるようにすることの大切さも伝えたいですね。無意識に手を出していることもあるので、気づいてもらえるよう①のように声かけをしました。

　②では、着脱の応援の仕方を保護者が知らない可能性が高いと考え、具体的に説明しました。衣服の前後の見方、ズボンの構造など、段階ごとに教える技術を伝えましょう。

　乳幼児期の子にとって、衣服の着脱という基本的生活習慣は、できたことが目に見えてわかりやすいので、自信を獲得するのに適した教材です。そのことに気づいてもらうため、③のように伝えました。

　④では、子どもにとって自分で着脱するという行為そのものが身体を知るチャンスであることを知らせました。

保育者の支援ポイント　●着脱の応援方法の提示　●着脱は固有感覚受容の教材

練習しないとできないんです。
自分の身体を知るチャンスにしましょう

生活

着替え

●固有感覚を知らせる

　固有感覚とは、自分の身体を知るという感覚です。自分の手足や頭の位置を乳幼児期に理解し、幼児期でできることを増やすのが、自分に自信をもって生きるために大切です。シャツやズボンを着るとき、自分の身体と空気との境界線を知ることができます。2歳頃までに自分の身体を知り尽くし、固有感覚を受容したいものです。衣服の着脱は、そんな教材になります。

●固有感覚によって育つ力

　以下の5つは、固有感覚を受容するとスムーズに身につきます。

①力加減
いすを運ぶときと卵を運ぶときで力の入れ方を変えられる

②運動コントロール
どのように肘や関節を曲げ伸ばしするのかがわかる

③抗重力姿勢
重力に逆らって姿勢を保ったり荷物を持ったりすることができる

④バランス
身体が斜めになっても自分の正中線がわかり、姿勢が保てる

⑤ボディイメージ
頭のてっぺんが見えなくても髪の毛をとかすことができるなど、自分の身体がわかる

いつも同じ服しか着てくれません。
同じ服をたくさん買えばいいのでしょうか？

保育者 ： この服がお気に入りなんですか？（①）

保護者 ： 実はこれしか着ないんです。

保育者 ： こだわりって出てきますよね。（②）

保護者 ： ほかの服を出すと怒るんです。同じ服をたくさん買えばいいですか？

保育者 ： いろいろな服に慣れてもらいたいですよね。この服のどこが気に入って
いるんですか？（③）

保護者 ： たぶん、キャラクターですね。

保育者 ： それなら、どっちを選んでもよさそうな、この服とは別の2枚を
見せて、お子さんに「どっちがいい？」と聞いて選んでもらうのも
手ですね。（④）

保護者 ： なるほど！　どちらを選んでもいいわけですものね。

会話の解説

　同じ服装をしているところをしょっちゅう見かけたら、もしかしてこだわっているサインかも……。あるいは、ネグレクトを含めた虐待や、保護者のヘルプサインである場合を考え、①・②のように声をかけました。

　こだわりが衣服の感触だった場合、ちょっと注意が必要です。触覚が敏感な子は、発達障害である可能性も考えられます。そこで、③のようにその衣服の何が気に入っているのかを尋ねました。

　子どもは、自分で選んだものだと嫌がりません。そこで、④ではパパやママがどちらに転んでもいい選択肢を提供する方法を提案しました。

保育者の支援ポイント
●子どもと保護者の想いが両立する選択を子どもにしてもらう

●こだわりには慣れの学習を提供する

別の服のなかから
お子さんに選んでもらいましょう

生活

同じ服

●乳幼児期の衣服の効果

　衣服がもたらす効果には、乳幼児期ならではのものがたくさんあります。

①衣服の趣味やセンス育成

乳幼児期に着た衣服により、その子の趣味やセンスが作られます。

② TPO の認知

乳幼児期に、普段着とお出かけ用の服装、暑いときの衣服と寒いときの衣服などを体験し、TPO に合った服装を知っておくと、体温調節も自分で気にすることができます。

③敏捷性・運動性の獲得

子どもの身体の動きを妨げない服装をすることで敏捷性が養われ、運動の好きな子になります。

●着脱練習期の衣服は教材

　3歳以上では、例えば運動するために着替える、お風呂に入るために衣服を脱ぐなど、着脱が生活の通過点になります。

　1・2歳の着脱練習期は、衣服が教材となり、着脱の練習自体が、発達を促します。

NG 対応 ▶ 「同じ服を何枚か用意するといいかもしれないですね」

同じ服が用意できない場合、対処できなくなります。また、多様な体験をするチャンスを失い、こだわりを助長することにもなります。

Part **3** こんなとき、こう答えよう　　079

言葉が遅れているような……。
大丈夫でしょうか？

> 保育者 ： お子さん、おいくつですか？（①）
>
> 保護者 ： 2歳です。言葉が遅れているような気がして……。
>
> 保育者 ： そうなんですね。でも、なぜそう思うんですか？（②）
>
> 保護者 ： ほかの同い年の子はたくさん話しているのに、うちの子は言葉になっていなくて……。
>
> 保育者 ： なるほど……。
>
> 保護者 ： 個人差があるとは言われたんですけど。
>
> 保育者 ： 耳にトラブルがなければ、大人が子どもに応答しながら語りかけてあげると、話せるようになりますよ。（③）

会話の解説

　言葉を話してもよさそうな年齢の子が、喃語のような、「あっあっ」と言葉にならない声を発している姿が気になったので、①で年齢を尋ね、発達の姿を思い浮かべました。

　おそらく、保護者には遅れていると思う理由があるはずです。そのため、②でその理由を聞きました。保護者にとっても、語ることは根拠を自ら明らかにすることになります。

　言葉の発達には個人差がありますが、この差は成長すればするほど大きくなるので、応援してあげることが大切です。また、言葉の遅れは聴覚に問題がある場合もあります。中耳炎は小学校就学前の子どもの 70% がかかるといわれていますが、そのなかでも厄介なものに、滲出性中耳炎があります。痛みを伴わないので、言葉が遅れてから聴覚の問題に気づくことも多く、言葉の発達にも影響してしまいます。③で、子どもの耳が言葉をキャッチできているか、保護者にアンテナを張ってもらう意味で、あえて「耳にトラブルがなければ……」という話し方をしました。

保育者の支援ポイント　●耳のトラブルの有無を確認　●言葉の援助は大人の応答と語りかけ

言葉を育むには聴覚も大切です。
聴覚トラブルにも気をつけましょう

　耳が聞こえていないことが言葉の遅れの原因であることも。子どもの聴覚を守ってあげるのは、保護者の役目です。聴覚のチェックの方法を保護者に伝えましょう。

発達

言葉の遅れ

言葉の役割

①大脳の発達

②思考の手段

③脳のコントロール手段

言葉にはこれらの役割があるため、聴覚が発達に影響します。

聴覚チェックポイント

0歳：CDをかけたら、どこから音がしているかがわかる

1歳：「あたま・おなか・おしり」と言うとその部位を指させる

2歳：指をこすり合わせる音が聞き取れる

3歳：「ウシ・ウマ」や「イス・イヌ」とささやいて、語尾の違いが聞き取れる

言葉の効果的な援助ポイント

①すぐに：子どもが何か言ったらすぐ応答する

②短く：ダラダラ長い文ではなく短い文で

③はっきりと：年齢に応じた明快な表現にする

これらを踏まえた援助で語彙数がぐんと増します。

NG対応 ▶ 「言葉は個人差が大きいから大丈夫ですよ！」

個人差は大きいですが、話せなくても大丈夫！　ではありません。保護者が心配しているということは、その子に教育すべきチャンスが来ているということです。応援の仕方を伝えたいものです。

吃音（きつおん）があります。
どうすればいいですか？

> 保護者 ： うちの子、どもってしまってうまく言葉が出ないんです。
>
> 保育者 ： きっと想いがたくさんあふれてしまうんですね。でも、大らかに
>   受け止めてあげましょう。（①）
>
> 保護者 ： どうすればいいですか？
>
> 保育者 ： 言いたい想いを受け止め、言葉をたくさんかけてあげて、表現を豊かに
>   することを支援しましょう。（②）
>
> 保護者 ： うまく言えるように練習させているんですが……。
>
> 保育者 ： あまり大人が気にしすぎないことも大切ですよ。（③）

会話の解説

　子どもの語彙力や表現力には拙い面があるので、たくさんおしゃべりしたくてもうまく伝えられないという想いを代弁してあげたいですね。ぜひとも保護者には大らかに受け止めてほしいと伝えるため、①のように答えました。

　子どもが自分の想いを表現するには、まず語彙力が必要です。けれども、語彙力を含め、まだ未熟な子どもは想いが先走ることも多々あります。だからこそ、子どもの拙い表現を豊かな支援で補う大切さを②で伝えました。語彙の獲得には個人差があります。そして、言葉はかけてあげた分だけ出てくるわけですから、たくさん言葉をかけることのほうが、言い方の練習を促すことより大切であると気づいてもらえるようにしました。

　保護者が気にしすぎて言い直しをさせたりすると、余計にどもりがひどくなる場合もあります。③のように保護者が気持ちにゆとりをもつことも大切だと伝えられるとよいでしょう。

保育者の支援ポイント　●どもりは保護者が大らかに受け止める　●言葉がけをたくさん行う

言いたい想いを受け止め、表現が豊かになるよう支援しましょう

●語彙数の獲得の目安

言葉には、使用語（話せる言葉）と理解語（意味がわかる言葉）があります。そして言葉の発達の背景には、語彙の獲得が存在します。2歳頃は日常生活に必要な語彙数を獲得したい時期です（表3—2）。

表3—2　語彙数の獲得の目安

年齢	語彙数（使用語）
1歳前後	10〜20
2歳	300
3歳	900

そして、この時期までに語彙数を十分に獲得させると、就学前には2,500〜3,000語、多い子は12,000語ほど獲得することができます。この程度の語彙数があれば、小学校の授業に適応することができます。

●文法の獲得の目安

子どもは言葉の理解を深めながら、文法構造も獲得していきます（表3—3）。まず、名詞と同時に動詞を獲得していきます。文法的に見ると、主語、述語といった語順を含め文法も獲得します。そのためには大人側が意識して援助をしていくことが大切です。

表3—3　文法の獲得の目安

年齢	文法
1歳前後	語順の獲得
2歳	過去・現在・未来の区別
3歳	助詞・複文

NG対応▶「そのうち治りますよ」

吃音は、治らないことも多いものです。保護者は本当につらくて自分を責めてしまうことも多々あります。だからこそ、気休めに無責任なことを言わず、豊かな表現力を獲得できるように応援したいですね。

吃音

2歳11か月・男の子

「バカ！」「あっちに行って！」
と言うのをやめさせたいのですが……。

保育者 ： （親子のかかわりで、言い合いがエスカレートしていたため）
ママの言っていることがわかるかな？（①）

保護者 ： うちの子は、すぐに「バカ！」とか「あっちに行って！」とか
言うんですよね。

保育者 ： あらあら、大変ですね。周りにそんなことを言う人はいませんか？

保護者 ： そういえば食事の支度のときに、危ないからつい「あっちに行って」
って言ってるかも……。

保育者 ： 子どもって怖いんですよね。すぐまねしちゃうから。

保護者 ： やめさせるにはどうすればいいですか。

保育者 ： 語彙数を増やすことが近道ですが、周りの大人も表現に注意して、
ふさわしい表現を教えてあげることも大切です。（②）

保護者 ： 私の言葉も気をつけないとダメですね。

保育者 ： 絵本も活用するといいですよ。（③）

会話の解説

　子どもと保護者が言い合いのようになっていたら、①のように保育者は必ず保護者の側に立って、子どもに代弁してあげることが大切です。逆に、「子どもがかわいそう」などと最初に保護者を諭すと逆効果になります。

　そして、子どもにとって具体的にそのときにふさわしい言い方をセリフで教えてあげることの大切さを②で伝えます。子どもが最初に覚える言葉は、「ダメ」「ヤダ」などのネガティブな語が多く、ポジティブな言葉を使えるようにするには、語彙数を増やすことが近道です。

　そこで、③では絵本を活用することを提案しました。

保育者の支援ポイント
●子どもは周囲の大人のまねをするため大人の注意が必要

●子どもの表現力育成に絵本を活用する

語彙数を増やすことが近道ですが、適切な表現を教えてあげましょう

●絵本で身につく 10 の力

①語彙数

慌ただしい日常生活では「すごい」で済ませがちな一言が「美しい」「素敵だ」「素晴らしい」のように豊かな言葉で表現されているため、語彙数を増やす効果があります。

②想像力

文字で書かれている場面や話の展開を想像することで、想像力がつきます。

③表現力

絵に助けられながらその描写を読むことで、表現力がつきます。

④会話力

感想を伝え合い、会話をすることで、会話力が育ちます。

⑤色彩感覚

芸術作品である挿絵にふれることで、色彩感覚が豊かになります。

⑥記憶力

前のページに起こったことに対する記憶が求められるので記憶力が高まります。

⑦抽象概念

「優しさ」「悲しさ」「楽しさ」といった抽象概念が理解できるようになります。

⑧思考力

展開を考えたり、主人公の立場になって悩んだりすることで、思考力がつきます。

⑨知的好奇心

もっと知りたい、もっと読みたいなどの知的好奇心が高まります。

⑩活字への興味

文字に興味がわき、自分で読みたいという意欲につながります。

発達

言葉遣いが悪い

発達が遅れているかもと心配です

> 保護者 ： うちの子、早生まれだからちょっとゆっくりで……。
>
> **保育者 ： 早生まれとか遅生まれとか、気にしなくて大丈夫ですよ。（①）**
>
> 保護者 ： でも、発達が遅れているかも？　と、ちょっと心配していて……。
>
> **保育者 ： どんなところでそう思いますか？（②）**
>
> 保護者 ： ようやく歩けるようになったけど、何でもほかの子よりゆっくりな
> 　　　　　 感じで……。
>
> **保育者 ： 誰でも不得意な面があるので、応援してあげれば大丈夫ですよ。（③）**

会話の解説

　早生まれを気にする保護者は多いですが、いずれ同じ学年で進級していきますから、気にしてもあまり意味がありません。①では早生まれだから……と言い訳をするより、現状を客観的に見つめるほうが大切であると伝えたいという意図で発言しました。早生まれでも、保護者が一生懸命応援すれば、遅生まれの子よりよくできることもあります。

　なんとなく発達が遅れていると思うだけではどのように対処すればいいのかわかりません。具体的にその子に合った支援をするためにも、また、保護者が意識的に自分の子を支援することを促すためにも、具体的に遅れていると思う点を②で尋ねました。これにより、改めて保護者が自分の子を客観的に見つめるようになります。保護者がわが子を客観視することで的確な応援につながります。

　誰にでも得意・不得意はあります。不得意な部分をサポートしてもらい、得意な部分は伸ばしてもらうことで、生涯を通して成長していくことを伝え、遅れ＝応援すべきポイントと理解してもらうため、③の言葉で締めくくりました。

保育者の支援ポイント

●発達の遅れや不安＝応援してあげるポイント

●客観的に自分の子を見る目を養う

遅れを応援ポイントととらえてみてはどうでしょうか

　子どもの知能は運動能力とともに発達します。1歳前後に歩く＝1歳前後に1歳前後の知能まで発達する、ということです。「ハイハイする」のが早い、「歩く」のが早いということは、運動面のみならず、知能面でも発達が早いということです。だからこそ、大切に応援したいですね。

発達

早生まれ

●ハイハイへの応援

　子どもは誕生して1時間以内に首をもたげることができます。大人の見守りが可能なときは腹ばいで過ごすようにすると、その姿勢で胸を上げて遊べるようになります。腹ばいでモゾモゾしだしたら、おもちゃを左右に振り、おへそを中心に180°以上回れるよう誘導します。これができると、数日でハイハイできます。

●歩行への応援

　つかまり立ちができるように両手で支えていると、自分でつかまり立ちができるようになります。次に、両手をつないで足の上に乗せる「ペンギン歩き」をして、足を上げて歩くという感覚を教えてあげます。また、歩行を楽しめる歩行器も有効です。

NG 対応 ▶ 「発達には個人差がありますから、大丈夫ですよ！」

個人差は当然あります。でも、もし1＋2の答えがわからない場合、「個人差」では片づけませんよね。だから、「大丈夫」ではなく、応援する大切さを伝えましょう。

身体が小さい気がします。
大丈夫でしょうか？

保護者 ： うちの子、あと5日で1歳10か月なんです。

保育者 ： そうですか。生まれてもうすぐ2年になるなんて早いですね。（①）

保護者 ： ちょっと身体が小さいような気がしていますが、大丈夫でしょうか？

保育者 ： 生まれたときはどうでしたか？（②）

保護者 ： 実は予定よりちょっと早く生まれたので、小さかったんです……。

保育者 ： それなら今、頑張って育っている最中ですね。健診などを利用
しながら、お医者さんと共有して気にかけてあげたいですね。（③）

会話の解説

　身体の大きさを含め、子どもの発育や発達を気にかけている保護者は、「〇歳〇か月」ということを細かくチェックしています。会話のなかでこのような表現が出てきたときは、子どもの発育や発達を意識して伝えるようにしましょう。ただし、保護者が言い出すまではふれないようにします。①では悩みを打ち明けやすいように、「あと5日で1歳10か月」を「もうすぐ2年」に言い換えました。保護者は、自分の言ったことを繰り返してもらうことで、受け入れてもらっている感覚になり、安心感が得られます。

　生まれたときの状態が子どもの成長を左右するため、②で生まれたときの情報を確認しました。小さく生まれた子でも、3・4歳頃までに平均に追いつく可能性もあります。

　医師が気になるほどであれば、健診などで声がかかります。保護者が何も言わなければ声がかかっていない可能性もあるので、③で健診というワードを出して保護者に声がかかっていないかどうか探りました。今後、医師との連携を要することもありますので、安易に大丈夫とは言わないようにします。

保育者の支援ポイント　●発育・発達不安は健診を利用　●誕生時の状態によりリスクが変わる

予定より早く生まれたお子さんは、注意深く見守ってあげたいですね

●早産児のリスク

あらゆるリスクを早期発見することは、生きにくさの軽減に最も効果的です。

人間は視覚から情報の 70％から 80％を得ているといわれます。それを支える視力は 7・8 歳で完成するため、乳幼児期に育てておきたいものですが、早産児は身体の機能が未熟で、視力が弱いことに加え、免疫力が低く病気になりやすい、発達障害の有病率が高いといった、非常に多くのリスクを抱えています。これを念頭に置いて支援することが大切です。

発達

身体が小さい

●健診を利用しよう

健診の時期には、誕生時、1 歳児、1 歳半、3 歳児などがあります。赤ちゃんだけがもっている原始反射のうち、特にモロー反射（外からの刺激に対して手を上げる反射）の残存状況や、パラシュート反射（うつぶせで前かがみになるよう抱き上げると手をつくように出す反射）の出現状況、姿勢制御力（寝返り・おすわり・ハイハイなど）により、発達を判断しています。健診は、こうした発達を診るだけではなく、虐待の兆候もキャッチする場となっているので、受診するように勧めたいものです。

NG 対応 ▶ 「そんなに気にしなくても大丈夫です。すぐに大きくなりますよ！」

発育や発達が正常かどうかを保育者は「診断」できません。保護者の信頼を得るためにも無責任な発言をしないことが鉄則です。

うちの子、太っているような……。
ダイエットさせるべきですか？

保育者 ： 高いところに登るときは、気をつけてね。（①）

保護者 ： ちょっと鈍いところがあるんですよね。

保育者 ： 身体を支えられないと、けがをしてしまいますものね。

保護者 ： そうなんです。ちょっと太っている気がしていて……。

保育者 ： 園では、お子さんの適正体重をチェックしていますよ。（②）

保護者 ： やっぱりダイエットさせるべきですか？

保育者 ： 食事を抜くダイエットなら、やめたほうがいいと思います。でも、
自分の身体を危険から守るためには、子どもにも適正体重があります
から、大人が気をつけてあげたいですね。（③）

会話の解説

　身体が大きいのに運動面が不安定な子は、けがのリスクが高いので必ず注意して見てもらうよう、①のように声をかけ、保護者に気づいてもらいました。

　自分の身体が自分で支えられないほど大きくなってしまうと、転んだときに大きなけがにつながります。身体を支えられないほど体重が増加している様子がみられる場合には、けがのリスクが高いことを知らせる意味で②のように伝えました。

　また、保護者が子どもの体型を気にしているようであれば、③のように子どもの食育活動の一環として適正体重を気にかける必要性を伝えるのも一つの手です。

保育者の支援ポイント ●ダイエットと適正体重を保持することは異なる
●適正体重の保持は幼少期に必要

危険から身を守るために
適正体重を保持することは必要ですよ

●キレやすい子になる!? スナック菓子やインスタント食品

　成長期の子にスナック菓子やインスタント食品を与える場合、注意が必要です。スナック菓子やインスタント食品に多く含まれるフィチン酸は、抗ストレス物質を脳内に生成するために欠かせないミネラルの一種である亜鉛と結合する性質があります。そのため、大量に摂取すると亜鉛不足が引き起こされ、イライラしやすくなります。

　また、スナック菓子を食べる頻度の高さと、多動性や暴力・非行との関連なども示されています。乳幼児期の食習慣は今後に影響する（56 ページ）ので、特に配慮が必要です。

●適正体重を保つことは大切

　0・1・2 歳頃は、ちょうど脳神経が発達する時期であるため、運動の好き嫌いや運動神経の良し悪しが決まっていきます。この時期に身体を動かして遊ぶことで、自分の身体を支える力、守る力をつけていくことができます。ところが、適正体重を超えると身体を動かすのがつらくなり、遊ぶ頻度が下がるので、自分の身体を守る力がつきにくくなります。心身の成長期は自分の身体を安全に保ち、危険から守るためにも、適正体重を保持することは必須です。

発達

太っている

1歳半なのに全然歩かない。
大丈夫でしょうか？

> 保育者 ： お誕生日はいつですか？（①）
>
> 保護者 ： 明日で1歳半になります。でも、まだ抱っこが好きみたいで。
>
> 保育者 ： 抱っこはみんな大好きですよね。でも、歩くのも好きですよね？
>
> 保護者 ： 実は、全然歩かないんです……。大丈夫ですか？　そのうち歩くとは思っているんですけど……。
>
> 保育者 ： つたい歩きはしますか？（②）
>
> 保護者 ： まだなんです。つかまり立ちはするんですけど。
>
> 保育者 ： それなら準備は整っていますね。応援してあげましょう！（③）

会話の解説

　歩きそうな月齢なのに歩かない子を見たので、まず①のように誕生日を聞いて、発達の様子を確認しました。1歳児の1年は、独歩を確立させたい1年です。

　身体が歩く準備をできているか②で尋ねて、歩行を獲得するプロセスを応援したいという会話の流れにします。万が一つたい歩きやつかまり立ちもしない場合は、股関節脱臼の可能性もありますが、素人ではわかりにくいことも多いので、その場合は安心のためにも受診することを勧めます。

　③では、つかまり立ちを歩行の準備が整いつつある望ましい姿として伝えました。そして歩行が応援すべき内容であることも伝えます。歩行は自然にできるようになると考えている保護者も多いですが、人類が二足歩行を開始した歴史は四足歩行の歴史と比較して浅いので、応援が必要な場合も多いです。そして歩けるようになったら、歩ける距離を伸ばすことを応援してあげます。子育ては、子どもがこの世の中で生きていけるように応援することです。その姿勢を忘れないようにしましょう。

保育者の支援ポイント ●歩行は応援するもの　●歩行の準備性を伝える

歩行の準備が整ったら、
歩行の応援をしてあげましょう

● 「発達を踏まえる」とは？

　「保育所保育指針」「幼稚園教育要領」「幼保連携型認定こども園教育・保育要領」では、子どもの発達を踏まえて保育することが求められています。「発達を踏まえる」とは、発達のスタンダードを頭に入れて、一人ひとりの子が発達段階のどの辺りにいるのかを知り、リスクがあったら軽減し、優れた面があったら伸ばせるように応援することです。

　発達について、例えば歩行の開始が遅いということは一つの現象ですが、発達においては応援してあげるべきポイントだということです。それが良い悪いではなくて、応援してあげる必要があるものかどうかという点で考えていくべきです。できないことも個性と片づけるのではなく、一人ひとりの「真の個性」が輝くために、その子のできることはさらに伸ばし、その子のできることを増やしていってあげること、それが保育です。だからこそ、発達を踏まえることが大切です。

●歩行の準備性を見るポイント

□ハイハイの足は、両方とも同じ強さで使っていますか。

□つかまり立ちの際、両方の足の裏がつきますか。

□膝の曲げ伸ばしができますか。

□両足がスムーズに広げられますか。

(NG 対応 ▶)「そのうち歩くようになりますよ！」

独歩の時期に歩く必要があります。子どもの育ちを応援する場合、「そのうち」というように先送りすると問題が重篤化することが多いです。

うちの子、激しい、動きまくる！発達障害でしょうか？

保育者　：　危ないから気をつけようね。（①）

保護者　：　すみません。うちの子、激しくて。動きまくるんです。

保育者　：　子どもは冒険が好きですからね……。

保護者　：　縁石とか、ちょっと高いところでも走るんですよ。

保育者　：　危ないときは教えてあげたほうがいいですね。（②）

保護者　：　ちょっと発達障害があるのかも？　　と思うときがあります。

保育者　：　発達障害かどうかよりも、危ないかそうでないかを教えてあげることのほうが大切ですよ。（③）

会話の解説

　危険が予測できる行動をした子には、安全上の必要性から、①・②のように、保護者にも注意したり教えたりする必要があることを知らせます。子どもにとっても、危ない場面を知り、危険から身を守る技術を身につける必要があります。

　発達障害かどうかを気にする保護者もいますが、発達障害でもそうではなくても、最終的には子どもは社会に出ていきます。ですから、やっていいこと・いけないこと、安全なこと・危険なことを知り、自分の心の暴走を止める力をつけることのほうが大切です。それを③のように伝えました。

　また、2歳頃になると、自閉スペクトラム症の疑いという診断を受ける子も出てきます。この診断の意味するところは、「（危険なことも）理解に時間がかかるので、心をくだいて危険回避の方法を教えてあげなければならない」ということです。保護者の苦労を受け止めつつ、今大切なことを伝えるようにしましょう。

保育者の支援ポイント　●危険を知らせる＝危険回避の力

　　　　　　　　　　　　●発達障害のある子は特に丁寧に事柄を教える必要がある

発達障害かどうかではなく、危険なときは教えてあげることが大切です

●動と静のメリハリをつける

　成長期の子どもたちには、大人からすれば無駄なくらい身体を動かしたがる時期があります。そんなときには静かにさせようとするのではなく、逆に運動をしっかりさせ、最大心拍数を上げます。

　そうすることで脳に血液が流れ、次に静かに座って遊ぶ静の活動も充実します。特に、多動性がみられる子には、朝一番の活動に運動が効果的です。例えば、目的地に行くまでに親子で走る、鬼ごっこを楽しむなどの運動が効果的です。

●子どもに適した運動あそび

　乳幼児期の子どもに適した運動あそびのポイントは、以下の3点です。

①多様な身体の動きを促す

くぐる、ジャンプする、またぐなど、さまざまな身体の動きを体験しておくことで、転ぶなど想定外のことがあったときにけがをしないように身体を動かせます。

②思い切り走る

0・1・2歳児も含め、子どもはみんな追いかけられて走るのが大好き！　3・4歳児は、30歳の女性よりも体力があるといわれるほどです。

③筋トレは避ける

子どもの筋力はまだ弱く発達途上ですから、過度な負荷は身体を痛める恐れがあります。

発達

動きが激しい

紫外線は肌によくないから、
日焼け止めを塗ったほうがいいですか？

保育者 ： 長袖だと今の季節には暑くない？　熱がこもって苦しいかな？（①）

保護者 ： 日焼けしないほうがいいと思って。紫外線は肌によくないし。

保育者 ： でも、子どもは大人よりも皮膚呼吸のウエイトが高いから、長袖だと
　　　　　暑いかもしれませんね。（②）

保護者 ： それなら、日焼け止めのほうがいいですか？

保育者 ： 今日くらいの曇り空なら、そんなに気にしすぎなくてもいいと
　　　　　思いますよ。

保護者 ： 紫外線は子どもの肌にとってよくないと思っていました。

保育者 ： 自然に浴びる紫外線は子どもにとって身体にいい面もありますよ。（③）

会話の解説

　子どもたちには季節に合わせて衣服で温度を調節することを教えていきたいですが、衣服の準備などを含め、保護者の援助と理解が必要です。これは保護者に気づいてもらうことが大切なので、①で気づきを促しました。

　特に乳児の場合、服の着せすぎは乳幼児突然死症候群（SIDS）の誘因にもなるので、注意が必要です。子どもの服装は、冬場でも夏場でも、大人より1枚薄着を心がけたいことを②で伝えました。

　大人にとってはシミの原因などと悪者のようにいわれている紫外線ですが、③のように、子どもにとってはメリットもあることを伝えられるとよいでしょう。特に成長期には太陽の光が欠かせないこと、そして光を浴びることがうつ病の予防につながることを伝えるのもいいかもしれませんね。

保育者の支援ポイント　●子どもは皮膚呼吸の割合が多い　●自然光は子どもの成長に必要

子どもには太陽の光も必要なんですよ

　子どものスキンケアに神経質になりすぎる保護者もいます。海や山で遊ぶ際とは異なり、日常生活においては、自然光は子どもの成長にとってはメリットもあることを伝えましょう。

発達

日焼け

くる病予防
太陽の光を浴びることで作られるビタミンDが不足すると、X脚やO脚になりやすい

太陽の光 3つのメリット

情緒の安定
太陽の光によりセロトニン（幸せホルモン）が作られる。不足するとイライラやうつ病のリスクが高まる

骨の強化
太陽の光はカルシウムの吸収効率を上げる。カルシウム不足は骨折を招く

●鍛えたい子どもの皮膚

　子どもの皮膚は繊細です。ですから、生まれたばかりの赤ちゃんは外気浴により肌を鍛えて、病気になりにくい強い肌を作っていきます。また、子どもは身体が小さく、皮膚呼吸の割合が大人より多いので、なるべく皮膚を覆わないようにしたいものです。

NG対応▶「赤ちゃんの肌は敏感だから、日焼けから守りたいですよね」

身体に日焼け止めのコーティングをすることで、皮膚呼吸が妨げられてしまいます。

一度泣き出したら止まらない。
どうすればいいですか？

> 保育者 ： あらあら、大丈夫かな？（①）
>
> 保護者 ： 一度泣き出したら止まらないんです。
>
> 保育者 ： いつもどうしていますか？（②）
>
> 保護者 ： 止まらないので、放っておくしかないんです。
>
> 保育者 ： 泣いたら声をかけて、「泣きやむこと」を教えてあげましょうか。（③）
>
> 保護者 ： どうやったらいいんですか？
>
> 保育者 ： お口を閉じることを教えてあげて、できたら褒めてあげると、次に
> 　　　　　泣いたときにお口を閉じて泣きやむようになりますよ。（④）

会話の解説

　大声で泣いている子がいたら、保護者も困っているはずです。①のように心配して声をかけてあげましょう。

　②で保護者がいつもどんな対応を行っているかを聞き取り、支援のヒントにしました。

　泣いて感情が高ぶっているときに言葉で自分の脳をコントロールする体験を重ねることで、感情を制御する力が育てられます。そのために、まず「泣きやむ」という行為を教える方法があることを③で伝えました。

　０・１・２歳児は、ちょっとした気分転換でピタッと泣きやみます。そして、その瞬間に「がまんできたね」と褒めることで、泣きやむ行為を覚えることができます。④では、その具体的な方法を伝えました。

保育者の支援ポイント

●泣きやむことを教える

●子どもは気分転換で泣きやむ

大人が「泣きやむこと」を教えてあげましょう

●感情コントロール力を育む

　子どもにとって泣くというのは興奮状態で、感情の激動を身体で表している状態です。感情をコントロール（制御）する力を育成しなければなりません。そのために、感情が豊かになるプロセスを理解するとわかりやすいです。

　感情は、生涯をかけて発達し豊かになっていきます。ですから、高齢になるほど円満な人格になる傾向があります。

図3−4　感情が豊かになるプロセス

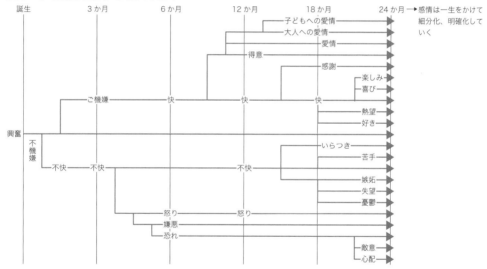

　最初は興奮に加え、怒り・嫌悪・恐れなど負の感情全てと不快のみを認識することから、負のパワーが強すぎて抑えることができません。でも、心をくだいて、言葉をかけて、細かく分化させることで、制御できる大きさになります。それが感情が豊かになるプロセス（図3−4）です。こうした感情の発達は大人の援助抜きではあり得ません。人の手により、人は人間らしくなっていくのです。

2歳4か月・女の子

お店で「買って、買って」と大泣き。
とりあえず何か買ってしまう……。

保育者 ： どうしましたか？（①）

保護者 ： ほかのおもちゃを使いたいみたいで……。

保育者 ： どうぞ、使っていいですよ。

保護者 ： お店でも「買って、買って」と大泣きするんです。

保育者 ： 大変ですね。そんなとき、お父さんはどうしていますか？（②）

保護者 ： 大したものでもないので、とりあえず買ったら泣きやむので……。
これでいいんですかね？

保育者 ： 我慢する力をつけることも大切ですね。（③）

保護者 ： どうしたらいいですか？

保育者 ： 例えば、「今日はダメだよ」と伝えたら、「次に○○したときに買って
あげるね」と先の展望をもたせてあげましょう。そして、そのお店から
すぐ離れましょう。（④）

会話の解説

　泣いて暴れている子がいるときは、①のようにその子に声をかけて保護者の反応を引き出します。

　子どもが困った行動をしたときの保護者の対応が大切です。②では、どのような対応をしているのかを探り、助言につなげました。

　小さいうちは欲しいものも小さく安いですが、成長すると欲しいものが高価になり、感情を爆発させる力も大きくなります。ですから、小さい頃から我慢する力（次ページ）をつけることが大切だと、③で保護者に伝えました。特に大泣きしただけで買ってもらえたら、泣く行為を強化してしまいます。

　そのため、④のように、いつまでもその対象物のそばにいないことも、小さい子が諦められる手段だと伝えることも大切です。

保育者の支援ポイント　●子どもに我慢する力をつけさせる　●こだわっている対象から離れる

「次に〇〇したときに」と言って 先の展望をもたせてあげましょう

●我慢する力の大切さ〜マシュマロ効果を知ろう〜

目の前に置かれたマシュマロを食べないように子どもと約束し、我慢できるか観察するというアメリカの実験があります。我慢できた子はマシュマロを2つもらえますが、我慢できずに食べた子はその1つしかもらえません。我慢できた子はその後、学歴も年収も高くなる傾向がありました。我慢する力は、将来その子を助けることが示されました。

子どもがおねだりをしたときは、我慢する力や先を見通す力（洞察力の源）をつけるチャンスです。

●非認知能力を育む

非認知能力と呼ばれるものに、「粘り強く頑張る力」「我慢する力」「意欲」「自己肯定感」などがあります。これらを実体験を通して就学前に育んでおくことが、就学後の認知能力の土台に必要です。

また、子どもが頑張ったときに「努力を褒めること」が脳の育成という観点で非常に大切です。子どもの頑張りや努力を認めて褒め、非認知能力を育んでいきたいですね。

NG 対応 ▶ 「大きくなったらおさまりますよ」

大きくなったら泣かずに「暴力に訴えて自分の欲求を通す」ケースもあり得ます。安易に「おさまります」と発言するのはよくありません。

発達

大泣き

何をやっても「イヤイヤ！」。
どうすればいいですか？

> 保育者 ： 何かやりたいこと、あるのかな？（①）
>
> 保護者 ： 何をやってもイヤイヤするんです。
>
> 保育者 ： 私と一緒に遊びに誘ってみましょうか？（②）
>
> 保護者 ： どうすればいいですか？
>
> 保育者 ： 一緒に○○する？　それとも△△する？　というように、２択で
> 　　　　　誘いましょうか？（③）
>
> 保護者 ： なるほど……。子どもが自分で選ぶならやりそうですもんね。

会話の解説

　子どもが「イヤ！」と言っていたら、保護者に助け舟を出す意味で①のように声をかけてあげましょう。

　「一緒に」というのがポイントです。保護者は「やってみてください」と言われるよりも「一緒に」と言われ「やってもらって学びたい」ものですから、②のように、子どもへの誘い方を教えてあげましょう。

　例えば、風邪をひかないように半袖ではなく長袖を着てもらいたいときなど、大人側からみて望ましい行動が決まっているときがあります。ですが、服を着るのを「イヤ！」と言っている子に、「長袖にしよう」では、言うことを聞いてくれません。そのようなときは、どちらも長袖のもので「自動車がいい？　電車がいい？」というように、子どもが何かを自分で選択したい欲求が満たされ、しかも、どちらに転んでも大人が望ましいと思うことを叶えられる「２択問題を出す」ことが効果的であると保護者に知ってもらいましょう。その方法を③では、「こうします」ではなく、「しましょうか？」と保護者に判断を委ねるように提案しました。

保育者の支援ポイント　●子どもに選んでもらう　●イヤイヤと言うときこそ遊びに誘う

2択で誘いましょう

●「イヤイヤ！」を成長に変える3つの力

「イヤイヤ！」と言うときは、感情が興奮状態です。<mark>感情をコントロールするためには、次の3つの力を育成する必要があります。</mark>

①我慢する力（耐忍性）

ぐっと我慢する力は非認知能力にも含まれ、人生を左右します。

②言葉で脳をコントロールする力

暴れる、大きな声を出す、泣くなどの行動ではなく、言葉で脳をコントロールする力をつけます。

③論理的な思考の力

前頭前野を鍛えることで、理性や論理的に考えられる思考力を育てます。

●感情＝①扁桃核＋②視床下部＋③前頭前野

　扁桃核と視床下部は、脳のなかの本能をつかさどる部分です。瞬間的に湧き上がる直感のようなものが作られるので、スピード勝負のような面もあります。前頭前野は、脳の司令塔として理性をつかさどり、じっくり考える役割があります。扁桃核と視床下部で起こったものが前頭前野で調整され、感情となって表出します。

NG 対応 ▶「イヤイヤ期は誰でも通る道ですから、そのうち終わりますよ」

イヤイヤ期は誰でも通る道ですが、自分の想いを貫く体験だけでなく、他者の言葉を受け入れる体験（脳を言葉でコントロールする体験）も必要です。

発達

イヤイヤ期

人のものを欲しがって泣きます。
どうすればいいですか？

保育者 ： （泣いている様子を見て）何が欲しいのかな？（①）

保護者 ： お友だちのおもちゃを使いたいみたいで……。

保育者 ： お友だちのものと自分のものの区別を知るチャンスですね。一緒に
教えてあげましょう。（②）

保護者 ： 教えるんですけど、その後もまた同じことの繰り返しで泣くんです。

保育者 ： なるほど。ママもきついですよね。（③）

保護者 ： だから、ほかの子がいるところへは行きたくないなあと悩んで
いて……。どうすればいいですか？

保育者 ： 人のものを欲しがって泣くのは、人とふれあいたいからなんですよ。
人とのふれあい方を教えてあげましょう。（④）

会話の解説

　子どもが泣いたり大声を出したりしていたら、①のようにまずは子どもがどうしてほしいのか聞いてあげることを保護者に知らせました。

　自他の区別を知ることは、2歳前後で大切な発達の課題です。「人のものは取ってはいけない」という規範意識・道徳心の獲得への第一歩です。②のように「チャンス」という前向きな言葉を使うと受け入れてもらいやすいでしょう。

　「○○しましょう」と提案したときに「それはやってます。でも……」と続いた場合は、③のようにまず保護者の気持ちを受け止め、共感してあげましょう。その後、一緒に解決策を考えます。

　子どもが人のおもちゃばかりを欲しがる場合、実は人とふれあいたいのです。それを、④で伝えました。

保育者の支援ポイント　●子育てはふれあい体験をあげること　●自他の区別をつけさせる

泣くのは人とふれあいたいからです。
ふれあい方を教えてあげましょう

●子育てで大切にしたい5つのふれあい体験

①自然とのふれあい

自然との豊かなふれあいをした子は、大人になってから充実した人生を送っています。自然は自己責任を厳しく教えてくれる教材です。例えば、山道を歩きだしたら最後まで歩かないと帰れない、など小さい頃に自己責任の体験をすることは大きな力になります。

②人とのふれあい

人とのふれあいにより、自分の想いを通すことだけでなく、助け合いなど、人と生きることの大切さを学びます。

③本とのふれあい

感動体験を通して、知的好奇心が湧き、優しさの土壌づくりができます。

④家族とのふれあい

家族とのふれあいで、生活習慣を含め、生きるうえでの根幹となる価値観（131ページ）や道徳心を獲得します。

⑤地域とのふれあい

地域にいるさまざまな世代の人たちとのふれあいが、豊かな育ちを支えます。

NG対応▶「そのうちわかるようになりますよ」

> 人のものを取ってはいけないことを教えましょう。道徳心は人が教えなければわかるようにはなりません。

いつもキャーキャー叫んでばかり。どうすればいいですか？

保育者 ： どうかしましたか？（①）

保護者 ： いつも叫ぶので……。つい、口を押さえてしまうんです。

保育者 ： 今、お子さんは何をしたいと思いますか？（②）

保護者 ： たぶんおもちゃがたくさんあってうれしいんだと思います。

保育者 ： さすがお母さん、よくわかっていらっしゃいますね！　では、叫んだときに「う・れ・し・い・ね」とはっきり言って、少しでも一緒に言えたら褒めてあげましょうね。（③）

保護者 ： え？　どうしてですか？

保育者 ： お子さんの想いを代弁してあげて復唱の練習を繰り返すと、叫ばずに言葉で言えるようになりますよ。（④）

会話の解説

　親子の様子をみていて、気になる行動があったら、①のように声をかけましょう。

　保護者が子どもの想いを理解しているかどうかを探るため、②のように尋ねました。もし理解していないように思えたら、「○○したいのではないですか？」と先回りするのもよいでしょう。

　保護者が子どもの想いを理解していたら、まずは保護者を褒め、その想いを代弁する方法を③のように伝えました。子どもに言葉を促すためには、子どもが復唱できるくらいの速さで繰り返し伝えてあげることが大切です。

　子どもたちは自分の想いを表現する力がまだないので、とりあえず声を発するという手段に出ることが多いものです。ですから、その表現したい想いを言葉にして、言葉の獲得を応援してあげることの大切さを④で伝えました。

保育者の支援ポイント

● 子どもの想いを代弁する

● 復唱で想いを伝える手段（言葉）の獲得を応援する

想いを代弁して復唱の練習をすると言葉になりますよ

●この感情のときにはこの言葉

　キャーキャーと叫ぶのは、感情が高ぶり興奮して（99ページ）、あふれる感情を表現する言葉が出ないときにみられる現象です。ですから、うれしいのか怒っているのか、まずその子の感情に名前をつけてあげます。喜んでいたら「うれしいね」、怒っていたら「嫌だよ」といったように、この感情のときはこの言葉を使う、という練習が必要です。

●言葉の発達

　言葉は思考の手段であり、脳をコントロールする手段（103ページ）です。そのため、言葉により性格が作られます。その重みを感じながら、言葉の発達の姿（表3—4）に即した援助を提供しましょう。

表3—4　年齢に応じた言葉の発達の姿

誕生	1か月	3か月〜10か月	10か月〜1歳	1歳〜1歳半	1歳半〜2歳	2歳〜2歳半	2歳半〜3歳	3歳〜4歳	4歳〜5歳
発達の姿	泣く	クーイング「くうーん」など	喃語「あー」「むにゃむにゃ」など	初語	一語文 言葉と行為の結合 言葉の理解	二語文 語彙が爆発的に増える 品詞の種類が増える	文法構造の習得 助詞の使用 主文と従属文	自己中心言語 立場言語の獲得	行動調整言語 話し言葉の完成

　例えばこちらの1歳7か月の子では、喜んでいる様子から「うれしい」という言葉を教えることで、「言葉と行為の結合」がなされ、言葉の理解と一語文の獲得ができます。

NG 対応 ▶「叫ばないように教えてあげましょう」

具体的にどのようにしたらよいのか伝える必要があります。

嫌なことがあると自分の頭を壁に打ちつける。どう対応すればいいですか？

保育者 ： **大丈夫ですか？（①）**

保護者 ： 嫌なことがあると、いつも自分の頭を打ちつけるんです。

保育者 ： **そんなときはどうなさっていますか？（②）**

保護者 ： 私も慌ててしまって……。なだめるんですけど。

保育者 ： **ちょっと怖くなってしまいますよね。（③）**

保護者 ： 自傷行為だと思うんですけど、どうすればいいですか？

保育者 ： **真剣な表情で「自分を傷つけたらダメ」と伝え、同時にお子さんに表現の仕方を教えてあげるといいですよ。（④）**

会話の解説

　子どもや保護者の気になる行動を見かけたときは、ためらわずに①のように声をかけることが大切です。

　保護者の対応により、子どもは次の行動を決定していきます。そのため、②で保護者の対応の仕方を確認しました。

　③では、保護者が不安になってしまう気持ちを代弁し、寄り添う言葉をかけました。これにより、保護者が心を開いて悩みを相談しやすくなります。

　自傷行為をする子は自閉スペクトラム症の可能性が考えられます。こうした様子がみられる場合は、小さいうちに軽減できるように応援します。子どもは、自分がとった行動を今後も継続すべきかどうか、保護者の表情から判断しています。ですから、0・1・2歳児に望ましい、あるいは望ましくない行動だと伝えるときは、大人が少しオーバーなくらい表情と言葉に出すことを意識してもらうよう伝えましょう。

保育者の支援ポイント　●表現の仕方は教えてあげるもの　●大人の表情も大切

真剣な表情で表現の仕方を伝えましょう

●大人の表情が子どもの行動を決める！

　子どもの行動は大人の表情が決めます。赤ちゃんたちに断崖に見える環境を用意して、そこを渡るかどうかをみる実験があります。「危ないよ」「やめたほうがいい」という表情をした保護者の赤ちゃんは断崖を渡りませんでした。けれども、「大丈夫」「おいで」という表情をした保護者の赤ちゃんは、不安があっても断崖を渡ることができました。この結果から、子どもは大人の表情を見て自分の行動を決めていることが明確になりました。

●表情を読む赤ちゃんたち

　4・5か月の赤ちゃんでも大人の表情を読み取り、かつ悪より善を好むことがわかっています。だからこそ、赤ちゃんが望ましい行動をしたときは大げさなくらいの笑顔を示し、褒めてあげましょう。反対に、赤ちゃんが望ましくない行動をしたときには毅然（きぜん）と「ダメ」と伝える勇気をもちましょう。こうした大人の表情により、子どもは善悪と自分の行動を結びつけて学んでいきます。

NG 対応 ▶ 「愛情不足かもしれませんね」

愛情不足かどうかを判断しても解決しませんし、さらに保護者を追い込んでしまうことにもなります。

すぐにものを投げる。
これはストレスですか？

> 保育者 ： 危ないからおもちゃは投げないでね。（①）
>
> 保護者 ： すみません。うちの子、すぐにものを投げるんです。
>
> 保育者 ： そんなときはどのようにしていますか？（②）
>
> 保護者 ： 「ダメ」と言って、取り上げるんですけど、渡すとまた投げるんです。
>   ストレスですかね……。
>
> 保育者 ： ストレスかどうかより、まずはものの扱い方を教えましょう。（③）

会話の解説

　保護者の前で子どもを注意する場合は、明確に理由を伝えて注意することが大切です。子どもへの諭し方を教える大切なチャンスととらえ、①のように「危ないから」という理由をつけて注意を促しました。

　子どもの行動直後の大人の行動が、子どもの次の行動を決めます。そのため、②で普段どのように対応しているかを確認しました。

　また、子どもが望ましくない行動をしたとき、それを教えることとストレスとは分けて考えるということを③で伝えました。

　0・1・2歳児は、自分の身体を知り尽くしていない（固有感覚を受容していない）ので、全般的に力加減がわかりません。置くタイミングと手を離すタイミングがずれると、投げた、乱暴に扱った、ということになります。子どもには、ものを置くタイミングと手を離すタイミング、つまりものの扱い方を教えていくことが必要です。

保育者の支援ポイント
　●ストレスと教える事柄を分けて考える
　●人との接し方とものの扱い方は教える事柄

●子どもの世界のストレスは挑戦意欲をかき立てる

　ストレスは悪者だと思われがちですが、ヒトの進化はストレスがなければ起こらなかったといわれます。また、学力や運動能力はストレスの限界まで挑戦するから向上します。

　お母さんのお腹から出て自分で息をすることも、子どもにとってはストレスです。ストレスというワードが出たときは、「ストレスのない世界はない」「それにとらわれないで子育てをしよう」というメッセージを伝えましょう。

　そして子どもの世界において、子どもは成長を求めて、あえてストレスの限界まで挑戦する特性をもっています。だからこそ、善悪の判断を明確に示し、人との接し方やものの扱い方を丁寧に教えてあげましょう。

発達

ストレス

●人との接し方、ものの扱い方は親が教える事柄

　０・１・２歳児は自分の身体を知り尽くしていないので、「お友だちを押した」「おもちゃを投げた」というトラブルが多発する傾向にあります。

　人との接し方やものの扱い方は、教えてもらって身につくものです。例えば、ほかの子を突き飛ばしてしまう子には、人との距離の取り方（その子の腕を伸ばした距離）を示し、「ここで止まろうね」と教えると、「押された」「叩かれた」のトラブルが減ります。

NG 対応 ▶ 「投げたらダメと教えていくしかないですね」

「投げたらダメ」だけではなく、どうすればいいのかまで伝えることが大切です。

すぐに噛みついて困っています

> 保護者　：　あいたたた……。
>
> **保育者　：　どうしましたか？（①）**
>
> 保護者　：　うちの子、すぐ噛むんです。
>
> **保育者　：　それは痛いですね。**
>
> 保護者　：　なかなかやめないから困っています。
>
> **保育者　：　お友だちに大きなけがをさせる前に教えられるといいですね。（②）**
>
> 保護者　：　どうすればいいんでしょうか？
>
> **保育者　：　噛んだ瞬間に口を押さえます。そして、「やらないでね」と伝えると、何をやめたらいいのか子どもも理解できますよ。（③）**

会話の解説

　原則として、親子の気になる様子については①のようにすぐに声をかけます。

　②では、保護者を噛んだり叩いたりするということは、同じくらいのお友だちを噛んだり叩いたりしてトラブルになる可能性がある、ということを伝えました。最初のうちに教えておくと、お友だちなどにけがをさせることを防げます。

　子どもが噛むというのは口、叩くというのは手、蹴るというのは足が行う望ましくない行動です。その部分を押さえて、「これがダメ」と教えることで、どの部分をどうしたらダメなのかが明確にわかります。　③のように教えることで、その子の存在が悪いのではなく、その行動がいけないのだと、子どもにも伝わります。

　注意する場合は人格と行動を明確に分け、行動だけを注意するように伝えましょう。子どもは大人の表情で善悪を判断するので、保護者の真剣な表情が大切です。このとき注意すべき点は、子どもと目線を合わせることです（次ページ）。目と目を合わせ、子どもの心に届けましょう。

保育者の支援ポイント　●注意するのは行動だけ　●身体の部位を示して注意する行為を教える

口を押さえて「やらないでね」と教えると理解できますよ

●大人の表情が子どもを教育する

　子どもに善悪の判断や「していいこと」「してはいけないこと」を教え、わかってもらうためには、大人の表情が大切です。

　子どもは大人の表情で行動を決めています（109 ページ）。その際、ネガティブな表情は瞬時に読み取ることができます。これは、生物として危険をキャッチするために生得的にもっている能力です。だからこそ、ダメと伝えるときは真剣な表情で「ダメ」と言うことで、子どもは理解することができます。

●子どもと目線を合わせる

　子どもは生まれたときから人の顔が好きで、よく反応します。特に目をじっと見つめることは大切で、生後 4 か月頃からは自分を見つめてくれる人を好み、自分からも見つめ返すようになります。

　褒めるときも叱るときも、子どもの目をじっと見つめて目線を合わせて言葉をかけましょう。目線の合いづらい子は、保護者が両目の外側に手を添えて、子どもの顔を近くで正面から見て、「目を見てね」と声をかけ、目線を合わせて話をすることを大切にしていきます。これにより、目線の合いにくさを軽減することができます。

（NG 対応▶）「歯が生えてくるから口の中がかゆいんですね」

歯が生えてきて口の中がかゆいことと人に噛みつくこととは分けて考えます。かゆくても、人を噛んですっきりしていいわけではありません。

発達が気になる子の保護者とのかかわり

発達が気になる子の保護者には、2つのパターンがあります。
それは、保護者が自分の子の発達の遅れや、周りの子との違いを自覚しているパターンと、自覚していないパターンです。

保護者が自覚している場合、さらに、苦しんでいる保護者と諦めている保護者に分かれます。苦しんでいる保護者に対しては、寄り添いながら一つひとつの解決策を（仮に解決できなくても）一緒に考えていく姿勢をもつことが求められます。一方、諦めている保護者には、丁寧にその子の苦手なことを教えてあげることで、子どもの未来が明るいことを伝えたいです。

保育者がかかわり方に難しさを感じるのは、保護者が自覚していない場合です。子どもの成長や発達を支援することは、保護者としての大切な役割であると気づいてもらいましょう。そして、その役割を果たす過程において、子どもの「できる」を喜ぶ、幸せを感じることに気がついてもらいたいです。

発達が気になる子の保護者とは、子どもの小さな「できる」を喜び合う目標をもってかかわっていきたいものです。

話が伝わりづらい保護者への対応

護者のなかには、いつもおむつの替えを忘れてしまったり、おしりふきを忘れてしまったりと、何かと忘れ物や書類等の記入漏れが多い方がいます。

忙しい現場ではつい「また、あの人？」なんて思ってしまいがちです。けれども当の本人は悪気があるわけではありませんから、先手を打って交通整理をするとよいでしょう。

まず、備品については、現物を貸したら現物を返してもらう、そして持ってきたときに、「次に忘れないために○○くん（ちゃん）の名前を書いて保管しておくこともできますよ」と言って、予防策を講じるのも一つの手です。また、書類は「書いておいてください」と渡すのではなく、目の前で一緒に、一項目ずつ記入してもらうようにします。

突然予定が変わることに対応するのが難しい保護者もいますので、その日のスケジュールをあらかじめ示しておきます。そのうえで、場面ごとに保護者の方に、今行ってほしい事柄を具体的に伝え、一緒に行います。例えば「製作あそびをしますので、用意ができたら来てください」ではなく、「製作あそびをします。まずトイレに行き、おむつ替えをしましょう」と言い、終わったら、次に「スタンプを使うので、汚れが気になるようでしたら、タオルかエプロンを持ってお子さんと座りましょう」と伝えます。そうすることで、汚れるのが嫌な保護者は参加しません。また、汚れたあとに「汚れるんだったら先に言ってほしかった」とクレームを受けることもありません。さらに、製作開始直後に子どもが次々とトイレに行き、インクで汚れた手のままあちこち触られ、後で拭き掃除をする……といった事態も回避できます。活動の展望は伝えるけれど、行動は一つひとつ具体的に、その場で行うことだけを伝えて一緒に行う、というのが鉄則です。

発達

人が使っているおもちゃを取ってしまう。
なぜでしょうか？

保育者 ： （子どもに向けて）お友だちのおもちゃは取らないでね。（①）

保護者 ： ごめんなさい。

保育者 ： 大丈夫ですよ。でも、「人のものは取らない」というルールを知って
いくことは大切ですね。（②）

保護者 ： なぜか、人が使っているおもちゃにしか興味がないみたいで……。

保育者 ： 子どもの学びはまねっこから入るので、お友だちのもので同じように
遊びたいのは当然のことなんですよ。

保護者 ： なるほど。よくやるので不安だったんです。

保育者 ： そうなんですね。それなら、ママと一緒にお友だちに「ごめんね」を
する練習をして、自分から謝ることができるようにしましょう。（③）

会話の解説

　子どもがほかの子どものおもちゃを取ろうとしているところを見て、①のように話しか
けました。子どもが気になることをした際は、親子へ明確に伝えます。

　おもちゃを取る行為に対して、②では一般化して「人のものは取らない」というルール
を守る必要性を伝えました。ほかにも、おもちゃで人を叩いたら「叩いたらダメよ」、人
を噛んだり、足で蹴ったりしたら「噛んだらダメよ」「蹴ったらダメよ」と言い、その後
に「人にけがをさせないよ」というように毎回同じ言葉で伝えると、一般化されたルール
として頭に入っていきます。

　人のものを取ったら、それを返して謝るまでを子どもに体験させることが大切です。そ
のため、③ではあえて「ママと一緒に」と発言しました。子どもがほかの子に危害を加え
たとき、保護者が謝ってしまうと、その子は謝る体験や、けんかをして仲直りするスキル
を獲得する場を失ってしまいます。自分から謝れるようになるチャンスととらえることを
伝えましょう。

保育者の支援ポイント　●ルールを知らせる　●親子で謝る練習をする

ルールを教えて、自分から謝ることができるようにしましょう

●人の学びはまねっこから

　人は、模倣により学習していきます。人の模倣能力には、7か月頃からの言語模倣と10か月頃からの身体模倣があります。子どもはこれらの模倣能力を活用し、バイバイをしたり、「ママ」と言ったりし始めます。

　こうした意味で、ほかの人のものを欲しがるのは学習のスタートです。特に人と仲良くするためのソーシャルスキルは、まねっこ＝模倣により獲得していきます。大人もお手本になるため、それにふさわしい行動を心がけながら、子どもの学びを応援しましょう。

●いつごろから注意する？

　「保育所保育指針」などにも規範意識の芽生えについて記されていますが、保護者からは「いつ頃から注意すればいいのか（いつ頃から規範意識を伝えていけばいいのか）」という質問がよくあります。

　規範意識は、誕生直後から伝えていきます。例えば、ママの髪の毛を引っ張って抜いてしまうなどは、子どもには全く悪気のない偶然のできごとです。でもそのときには、「痛いからダメ」と教えます。そうすることで、世の中には「ダメ」なものがあると知るようになるのです。こうした実体験の積み重ねがあると、9か月頃に「ダメ」がわかるようになります。これが規範意識の芽生えです。

NG 対応 ▶ 「お友だちのおもちゃがうらやましいんですね」

その通りですが、それで終わりにせず、どのように解決すべきかを保護者に明示することが必要です。

おもちゃをすぐ投げる。
どうすればいいですか？

保育者 ： 危ないからおもちゃは投げないでね。（①）

保護者 ： うちの子、いつもおもちゃを投げるんです。

保育者 ： 「危ないからダメ」と伝えたいですね。（②）

保護者 ： いつも言っているんですけど、やめてくれないんです。どうすれば
いいですか？

保育者 ： おもちゃの扱い方を教えてあげることと、表情に気をつけて低めの声で
静かに伝えてみましょう。（③）

保護者 ： 声のトーンなんて気づかなかった。

保育者 ： 子どもはママの声には敏感なんですよ。

会話の解説

　保育者が子どもを注意する方法は、保護者がわが子に注意をする際のお手本になりますので、注意する理由を簡潔にわかりやすく添えて、①のように伝えました。

　どんな理由があっても、危険なことは禁止事項として伝えたいので、一貫性をもって教える必要があることを保護者に伝えようと、①の発言の理由を②で伝えました。

　おもちゃの扱い方は教えなければわかりません（111ページ）し、おもちゃを丁寧に扱うための力加減も獲得していません（77ページ）。そのため、投げるように置いてしまうこともあります。その際、大人が高い声を出して注意するとそれが面白くなり、さらにその声を求めておもちゃを投げるようになることもよくあります。ですから、声の出し方と声のトーン、合わせて真剣な表情に注意が必要（109ページ）であることを③で提案しました。子どもはお腹の中にいるときから母親の声を聞いているので、母親の声には特に敏感です。また、子どもは高い声を好む特性があるので、褒めるときは高めの声、叱るときは低めの声、といったような使い分けについても、保護者に伝えられるとなおよいでしょう。

保育者の支援ポイント　●禁止事項は明確に伝える　●声のトーンは低くする

声の出し方やトーンに気をつけて、静かに伝えましょう

●子どもは高い声が好き

子どもは、低年齢なほど男性より女性の声、低い声より高い声を好みます。おそらく赤ちゃんをあやすときには、男女問わず自然に声のトーンが上がりますが、これは、赤ちゃんの反応の良さを生得的に知っているからでしょう。逆に、子どもは低い声で静かに真剣に話しかけられると、用心して聞き耳を立てます。子どもを褒めるときと注意するときでは、声の出し方、トーンを変えましょう。

●おもちゃの扱い方と指先の発達

子どもの手指は、発達の最後の段階です。発達には以下の3つの法則があります。

①中から外
肘をつくほふくから手のひらをつくハイハイへ、といった中から外へ向かう発達

②上から下
首をもたげる、首が据わる、座る、立つ、といった上から下へ向かう発達

③未分化から分化
興奮から豊かな感情へ、といった未分化から分化へ向かう発達

この法則に従うと、指先は末梢神経の発達を要するため、発達の総仕上げの部分です。指先は小指から親指に向かって発達するという法則があり、すべての指が発達すると、おもちゃを丁寧に扱うことができるようになります。根気よく教えてあげましょう。

発達

おもちゃを投げる

1歳11か月・男の子

ただ、走り回っているだけ……。これは遊び？
このままでいいのでしょうか？

保育者 ： 危ないからお部屋の中では走り回らないでね。（①）

保護者 ： すみません。たぶん、遊んでいるつもりなんです。

保育者 ： お座りでできる遊びに誘うのもいいですよね。（②）

保護者 ： でも、やっぱり走り回ってしまうんです。ダメですかね？

保育者 ： お座りでできる遊びは大切なんですよ。（③）

保護者 ： どうすればいいですか？

保育者 ： まずは抱っこして座って、おもちゃでお父さんも一緒に遊びましょうか。（④）

会話の解説

　①では保護者が子どもに注意をせず危険なことをさせてしまっていたので、保護者にも気づいてもらえるよう声をかけました。危険な場合は必ず声をかけましょう。

　屋内と屋外で遊び方は異なります。これを習得するのもソーシャルスキルの一つです。②のように座って遊ぶことにも保護者が誘って導入することを伝えようと発言しました。

　就学前に座ってできる遊び（お座り遊び）を充実させておくことは、とても大切です。お座り遊びを楽しめる力（屋内で遊びこむ力）は、就学後の集中力の源です。この事例はまだ1歳11か月の子ですが、年齢によっては、その大切さも③で合わせて伝えられるとよいでしょう。

　子どもにおもちゃを与えれば勝手に遊ぶと思っている保護者は多いものです。けれども、子どもは遊び方を教えてもらったり、保護者やお友だちがお手本を示してくれないと遊び方がわかりません。脳神経系が発達する0・1・2歳の時期の遊びが、その子の得意・不得意を決めてしまいます。現代の家庭には遊びのお手本をしてくれる人が少ないからこそ、保護者が一緒に遊んであげることの必要性を④のように伝えました。

保育者の支援ポイント ●お座り遊び＝就学後の集中力の源　●保護者も一緒におもちゃで遊ぶ

120

座ってできる遊びに誘ってみましょう

●お座り遊びの正しい姿勢

正しいお座りの型を体得すると、お座りしながら安定して遊びこむことができます。正しい位置に筋肉がつくので腰痛にもなりにくいです。

座骨2点と肛門から5mm前の3点で床をとらえるような姿勢で、その上に背骨がきて頭が乗るようにイメージしてみてください。これを子どもに体得させるには、いすの場合はクッションや座布団を背中に入れ、机との間に挟むように座らせると効果的。また、保護者があぐらをかいて、その中に子どもをお座りさせて一緒に遊ぶのも手です。

発達

走る

●0・1・2歳期のお座り遊びのおもちゃ

おもちゃで遊ぶことは楽しいものです。特にパズル遊びや積み木遊びは、子どものお座り遊びの種類に入れたいおもちゃの一つです。

パズル遊びや積み木遊びは、子どもの空間認識能力や想像力、洞察力を育みます。しかも、巧緻動作運動（2歳頃に獲得したい指先の運動）の獲得も望める優れものです。

NG対応 ▶「いつか楽しいことが見つかれば、遊べるようになりますよ」

子どもは、遊んでもらわないと楽しいことを見つける力がつきません。ですから、保護者に一緒に遊んであげる大切さを教えましょう。

1歳6か月・男の子

特定のおもちゃにしか興味がなく、
落ち着きもなくて不安です

保護者 ： おもちゃを替えてもいいですか？

保育者 ： **いいですよ。もう飽きちゃったかな？**

保護者 ： うちの子、自分で遊べなくて……。

保育者 ： **お家でもそうですか？（①）**

保護者 ： そうなんです。落ち着きがなくて、それに電車にしか興味が
なくて……。不安です。

保育者 ： **遊びに付き合ってあげて、遊ぶ力をつけてあげましょうか。（②）**

保護者 ： どうすればいいですか？

保育者 ： **お子さんが興味あるものに新しいものを加えていきながら、お父さんが
一緒に遊んであげると、遊び方や興味の幅が広がりますよ。（③）**

会話の解説

　特定のおもちゃにしか興味を示さない子もいます。その場合、興味の幅を広げてあげる
必要があります。興味の幅に極端に偏りがある場合、自閉スペクトラム症の傾向が疑われ
ます。子どもの興味が広がり豊かな世界を体験できるように応援してあげることは大切で
す。そうした傾向がないかどうかを知るためにも、家での様子を①で尋ねました。

　本来であれば、さまざまな年代の近所のお兄さんやお姉さんに遊んでもらって、子ども
は遊ぶ力をつけていきます。しかし、現代ではなかなかそういった機会がありません。で
すから、保護者が子どもにとっての人的環境だと自覚をもち、遊んであげることの必要性
を知ってもらうことを意図して、②のように提案しました。

　子どもは模倣から遊びを広げていきます。そのため、一緒に遊ぶお友だちや大人を含
め、遊び方の手がかりが必要です。③では、「お父さんが一緒に遊んであげると」と、保
護者にできることを提案しました。

保育者の支援ポイント　●遊ぶ力をつける　●子どもの興味をきっかけに世界を広げる

122

子どもに遊ぶ力をつけてあげましょう

●遊ぶ力の育成

遊びは、生きる力の基礎を育みます。遊ぶ力は子どもにとって学びに向かう力です。

①体力をつける

遊ぶには体力が必要です。基本的には、早寝早起きの規則正しい生活リズムのなかで、よく食べてよく寝て、身体を動かすことで体力がついていきます。その時点では体力がなくても、遊びのなかで体力を限界まで引き上げることができます。つまり、子どもの体力を伸ばすことができるのが遊びです。

②感覚を鍛える

誕生後から五感（視覚・聴覚・触覚・嗅覚・味覚）をフル活用することができるように、遊びのなかでたくさんの刺激を与えてあげることが大切です。これにより、子どもの感覚は研ぎ澄まされ、鍛えられます。

③達成感を体験する

子どもが自分の興味を突き詰めて思い切り没頭すると、そこに心の解放、達成感を感じます。これが遊びの力の源となり、さらなる達成感を手にし、人生にその子なりの充実を感じることができるのです。

NG 対応 ▶ 「成長とともに落ち着いてきますよ」

子どもによっては、成長とともに興味の偏りが強くなる場合もあるので、興味の幅を広げることを応援していく必要があります。

絵本はいつ頃から読んであげればいいですか？

保育者 ： 絵本にも興味がありそうですね。（①）

保護者 ： 気づかなかった……。いつ頃から読んであげればいいですか？

保育者 ： 3か月頃から読んであげるといいですね。たまに何かをじっと見つめる
ような様子はありませんか？（②）

保護者 ： そういえば、私の顔もじっと見るようになったかも。

保育者 ： つまり、絵本も見られるということですね。

保護者 ： なるほど……。絵本は見るものなんですね。

保育者 ： そうなんです。絵本は見ることと聞くことの発達を促して
くれますよ。（③）

会話の解説

　わが子を毎日見ている保護者は、日々の成長に気づかないこともあります。そこで、保育者は①のように、子どもの様子から保護者に気づきを促しました。

　子どもは生後1か月くらいで周囲のものがぼんやり見えるようになり、5・6か月で色の識別ができるようになります。この頃には、追視（動くものを目で追うこと）も可能になります。そして、遠近や奥行きも大人に近い程度まで認識できるようになります。絵本は子どもの視覚の発達を促すためにも適した教材ですから、②のように絵本導入のサインを伝えましょう。保護者の膝の上などでふれあいながらの読み聞かせは、情緒の安定や語彙数の増加にも効果的ですから、ぜひとも勧めたいものです。

　また絵本は子どもの「見る」と「聞く」を応援し、発達を促す教材です。それを③で伝えました。

保育者の支援ポイント

●絵本は0歳から可能　●絵本は「見る」「聞く」の発達を促す

絵本は0歳の赤ちゃんから楽しめます

●絵本の位置と内容

　両眼の視機能は3・4か月頃までに発達し、絵本を楽しむ準備ができるので、この頃に簡単な絵本を導入します。30cm前後の距離で焦点が合うので、絵本はその位置で見せるとよいでしょう。

　0・1歳児に見せる絵本の内容は、身のまわりのもの、リズムや音を楽しむもの、触る・聞く・見るなど参加型の内容もおすすめです。2歳児は身近な生活に即した内容やシンプルでわかりやすいストーリーであれば、お話の世界に誘導することができます。

発達

絵本

●絵本の選び方

①さまざまなイラストが載っているもの

キャラクターを含め、さまざまな作品にふれるようにしましょう。

②子どもにわかりやすい世界観のもの

子どもはストーリーに人生を思い描くものです。ポジティブ志向な子にするためには、話の内容にも注意が必要です。

③美しい日本語で書かれているもの

子どもは言葉を学んでいる最中です。正しく美しい日本語と出会う場を作りましょう。

④心温まるもの

絵本は子どもの思考の傾向を作りますので、心温まる体験を大切にしましょう。

⑤ロングセラーのもの

長く売られている作品には、質の高いものが多いといえます。

怒ったら嫌われますか？
怒ってもいいのでしょうか？

保育者　：　パパやママを蹴ったら痛いからダメだよ。（①）

保護者　：　子どもを怒ってもいいのでしょうか？

保育者　：　感情をぶつけるのはよくないですね。でも、望ましくない行動をした
　　　　　　ときは、しっかり教えてあげましょう。（②）

保護者　：　怒ったら嫌われたりしませんか？

保育者　：　怒るのは感情が入ってしまうのでよくないですが、教えるために勇気を
　　　　　　もって叱ることは必要です。

保護者　：　そうなんですね。

保育者　：　安心してください。叱ったから嫌われるということはありません。（③）
　　　　　　ただ、叱られただけでは理解できないので、正しい行為を教えて
　　　　　　あげて、できたら褒めるところまでをワンセットにしたいですね。（④）

会話の解説

　子どもが保護者に理不尽な態度（叩く・蹴るなど）をとっているのに、我慢して何も言えないでいる様子を見かけたら、保護者の声を代弁して声をかけてあげましょう。①では「痛いから」という理由を添えて子どもに話しかけました。

　怒ると叱るは違います。保護者の負の感情をぶつけるのが「怒る」で、正しく教え諭すのが「叱る」です。叱る（正しく教え諭す）ことは、保護者だからこそできる大切な教育だと理解してもらえるよう、②で伝えました。

　子どもは叱られても親を嫌いにはなりません。保護者の不安に対しては③のようにきっぱり否定することが必要です。

　子どもは良いこと・ダメなことを一貫した姿勢で正しく教えてくれる人を心から信頼します。ですから叱りっぱなしにせず、叱ると褒めるをワンセットで考えることを④で提案しました。

保育者の支援ポイント　●怒ると叱るの区別　●叱ると褒めるはワンセット

「叱る」と「褒める」をワンセットにしましょう

●親業を伝えよう

家庭は子どもにとって、道徳心や行動基準（145ページ）を獲得するための人生最初の「教育機関」であり、生きていることを受け入れてもらう「安全基地」です。この2つの役割を果たすため、子どもと向き合うことが「親業」です。

●子育ては勇気！

子育てに必要なのは勇気です。保護者の勇気が子どもの成長のチャンスをサポートします。子どもには心や身体が大きく成長するチャンスが3つあります。

①遊ぶ

遊びは子どもにとって「教材」です（123、141ページ）。わが子のトラブルの相手を保護者がやっつけるのではなく、見守る勇気が必要です。

②表現する

子どもがヒーローになりきって戦ったら、ほかの子がけがをすることがあるかもしれません。自己表現であっても、人を傷つけたら謝る勇気をもたなくてはなりません。

③諭される・叱られる

子どもの行動がすべて正しいとは限りません。わが子を諭したり叱ったりするなかで、子どもが反抗し、葛藤が生まれることもありますが、子どもの成長のチャンスをサポートするためにも勇気が必要です。また、正しい行動ができたら褒めるようにしましょう。

NG 対応 ▶ 「なるべく褒めてあげましょう」

何を褒めるべきかを明確にしましょう。良いことをしたら褒められ、悪いことをしたら叱られるということを通して、規範意識が育まれます。

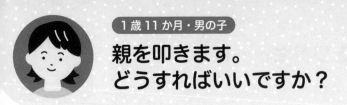

親を叩きます。
どうすればいいですか？

> 保育者 ： （おもちゃでママを叩く様子を見て）大丈夫ですか？
>
> 保護者 ： ほかの子のおもちゃを取ろうとしたから「ダメ」って言ったら
> 叩かれて……。
>
> 保育者 ： ママが痛いから、叩いちゃダメだよ。（①）
>
> 保護者 ： （泣いている子どもをあやしながら）大丈夫だよ。よしよし、泣かない、
> 泣かない。
>
> 保育者 ： お家ではどうですか？（②）
>
> 保護者 ： 家でも思い通りにいかないと親を叩くんです。どうすればいいですか？
>
> 保育者 ： まず人を叩くのはダメだということと、気持ちは言葉で伝えることの
> 2つを教えてあげましょう。パパやママが一貫して毅然とした態度を
> 取ることで、子どもは信頼感を抱くものですよ。（③）

会話の解説

　保護者が子どもに想いを伝えられていない場合は、その想いを代弁して伝えます。①では、子どもにもわかりやすいように、「ママが痛いから」という理由もつけました。

　今の姿は、普段から家でもみられる姿なのか、外出時だけみられる姿なのかを尋ねます。外出時だけの姿であれば、「外では叱られない」と子どもが判断して、意図的に家ではダメと言われる行動をしている可能性を考え、②で家での様子を尋ねました。

　保護者が一貫して毅然とした態度を取ると子どもが信頼を寄せます。だからこそ、③では勇気をもってダメなことは伝えていってほしいと保護者を励ましました。

保育者の支援ポイント ●暴力は「ダメ」と叱る　●勇気をもつ

子どもは保護者の毅然とした態度を信頼しますよ

●子どもからの信頼を得ることの大切さ

　小さな赤ちゃんに限らず、就学前の子はまだ他律的な存在です。ですから、良いことと悪いことを理解したうえで、良いことができるように励んだり、悪いことをしないように我慢したりと、自律的に判断することは困難です。子どもの行動基準、つまり行動を決めていく判断基準（145ページ）は、「褒められるからやる」「叱られるからやらない」といったように、他者の反応に委ねられていることがほとんどです。

　子どもが道徳心を獲得し、自分の行動を律して正しく判断していくためには、保護者の導きが必要です。しかし、保護者を見下している状態では、その導きは子どもの心に届きません。保護者が子どもを正しく導くためには、保護者は自分の願いを叶える家来ではなく、教えてくれる人だという尊敬の念や信頼感を子どもにもたせる必要があります。

人間関係

叩く

　パパやママには敵わない、パパやママは正しいことを教えてくれる人だと子どもの心に響かせることが、パパやママの教えを受け入れていく条件になります。

　子どもは言葉が未熟なため、暴力という原始的な方法を用いることもありますが、言葉で想いを伝える方法を教えることは必要です。

NG 対応 ▶ 「優しく教えてあげましょうね」

優しく教えても何度も暴力に訴えている場合は、毅然とした態度で注意する必要があります。

※優しく教えて子どもが叩くのをやめた場合は、○対応。

「ママ、大っ嫌い」と言われてしまってつらい……。

保育者 ： どうしましたか？

保護者 ： うちの子、嫌だと言い出したら聞かなくて……。

保育者 ： （子どもに向かって）何が嫌なのかな？（①）

保護者 ： 帰るのが嫌なんだと思います。

保育者 ： そうなんですね。

保護者 ： すぐ、「ママ、大っ嫌い」って言われてしまって……。

保育者 ： 実際はそうは思っていないんですよ。子どもにとって「嫌い」と
「やりたくない」は同じ意味ですから。（②）

保護者 ： でも、つらくって……。

保育者 ： 人を傷つけるのはいけないと教えていきましょうね。（③）

会話の解説

　子どもと保護者に何かトラブルがありそうな場合は必ず声をかけます。①では、子どもの想いと、それについて保護者がどのように理解しているかを確認する意味で、子どもに向かって声をかけました。

　保護者にとって、自分の子どもに「大嫌い」と言われることは非常につらいことです。その気持ちを受け止め、子どもは本当に大嫌いと思っているわけではないことを②のように伝えました。子どもは、言われたくないことややりたくないことを表現するのに「嫌い」を使っているだけです。嫌なことをどう表現すればいいのかわからないから、知っている言葉を使ったに過ぎません。そのことを保護者にも伝えましょう。

　③では、「嫌い」は保護者にとって傷つく言葉ですから、まずその言葉が人を傷つけるものだということを子どもに教える大切さを伝えました。子どもにとって、家族を大切にすることが、人を大切にする第一歩です。

保育者の支援ポイント　●人が傷つく言葉は言わないように教えることが大切

子どもの「嫌い」は「やりたくない」という意味です。「嫌い」とは思っていませんよ

●家族の役割

家族には、①命と生活の保障、②情緒的・愛着関係の形成、③社会化の学習、④経験の提供、⑤価値観・良心の育成という５つの役割があります。

①をベースにして②が形成され、②があるからこそ③から⑤を獲得できます。ですから、③から⑤の獲得プロセスで絶えず②を確認しているのが子どもです。

子どもの「嫌い」という発言の背景にある②を確認し合うことで、親子の絆は固く結ばれていきます。

人間関係

嫌いと言われた

●「謝る」体験の大切さ

乳幼児期につけておきたいソーシャルスキルは、あいさつと規範意識（道徳心の芽）です（117、145ページ）。特に、乳幼児期の「謝る体験」により、謝ることのハードルを下げておくことは人生を生きやすくする鍵となります。

NG対応▶「気にしなくていいですよ」

「嫌い」と言われたことを気にしているから保育者に伝えているのです。本当は子どもはそう思っていないことを伝えてあげましょう。

声をかけても話を聞かない、返事もしない。どうすればいいですか？

> 保護者 ： うちの子、人の話を聞かないんです。
>
> 保育者 ： どんなときですか？（①）
>
> 保護者 ： 特に遊んでいるときです。
>
> 保育者 ： それは遊びに夢中になっているからですね。
>
> 保護者 ： でも、声をかけても返事もしないし……。どうすればいいですか？
>
> 保育者 ： どんなふうに声をかけていますか？（②）
>
> 保護者 ： 普通に声をかけていますけど……。
>
> 保育者 ： お子さんの正面から目と目を合わせて言ってみましょうか？
> 　　　　　返事をすることも教えないとできないものなんですよ。（③）

会話の解説

　①では、子どもが話を聞かないときはどんな状況かを尋ね、子どもの状態を把握しました。遊んでいないときであれば、聴力に問題がある場合もありますので、聴覚チェック（81ページ）が必要です。子どもは遊んでいるときなど、一つのことに没頭していると聴力に問題がなくても聞こえていないように見えることもあります。聴力に不安を感じていそうな場合は、子どもにはよくある状態だと伝えてあげると保護者の安心につながるでしょう。

　「返事もしない」という保護者の訴えは、「返事をさせたい」という意図だととらえました。返事をさせたい場合は、声のかけ方に工夫が必要なので、②では普段のやりとりを探るため、どんな声かけをしているかを尋ねました。

　子どもは自然に返事ができるようになると考えている保護者は多くいますが、返事も教えなければできないことを③で伝えました。保育者は知っていても保護者が知らないことは多くあるものです。「〜なんですよ」とさりげなく伝えられるとよいでしょう。

保育者の支援ポイント　●目線を合わせることと返事の仕方は教えるもの

目を合わせて、返事の仕方を教えてあげましょう

●目線の合わせ方は教えるもの

　人と人とのコミュニケーションにおいて、目線を合わせることは必要です。人は生まれたときから顔のような模様に反応するように本能に組み込まれています。ですから、授乳時には母親の目をじっと見つめています。授乳期にこの体験を通して目線を合わせることを覚えていきます。ところが、母親が授乳時にテレビを見たりスマホをいじっていたりすることにより、目と目を合わせることのできない子が増えています。

　実は、授乳時は赤ちゃんにとって最高に心地よい時間ですから、この時に目と目を合わせる（人と心をつなぐ）ことが人間関係の土台を築くことを伝えたいものです。そして、目線の合わない子については、両目の外側に手を添えて、目線を合わせることを教えます。これも教えるものであることを保護者に伝えましょう。

人間関係

話を聞かない

●返事の仕方も教えるもの

　デンバー式発達スクリーニング検査では、8か月に「名前を呼ぶとそれに応ずる様子をする」という項目があります。これは、「名前を誕生直後から呼んでいれば、8か月で理解できるようになる」という意味です。親がその子の名前を呼んでいなければ、自分の名前がわかるようにはなりません。また、返事をすることも教えなければできません。

　まずは、名前を呼んで「はい」と大人が言いながら、子どもの手を持って手を挙げる動作を教え、名前を呼ばれたら返事をするということを獲得させます。

NG 対応 ▶「子どもだって返事したくないときがありますよ」

　乳幼児期には、大人も子どもも、まず返事をすることを大切にしたいですね。

パパの言うことは聞くのに、私の言うことは聞いてくれない……。なんで？

保育者： そろそろお片づけにしましょうか？

保護者： うちの子、お片づけが苦手なんです。

保育者： 自分で出したおもちゃは自分で片づけると教えるのは大切ですね。（①）

保護者： でも、私の言うことを全然聞かないんです。

保育者： お家ではどうですか？（②）

保護者： パパの言うことは聞くのですが……。私の言うことは聞かないんです。

保育者： ママの言うことも聞いてくれるような関係を目指して、親子の
やりとりを深めましょう。一緒に頑張ってみましょうか？（③）

会話の解説

　子どもが嫌がるからやらせない（やりたいからやらせる）というふうに、保護者が物事を判断しない家庭も多いです。また、権利は主張するのに義務を果たさないという教育を家庭で受けた結果、成長してから、今度は親が困っても助けようとしない子も多くいます。自分が遊んだおもちゃは自分で片づけるという行為は、子どもが権利と義務の関係を理解するチャンスです。親子で取り組んでもらえるように、①のように伝えました。

　親子ともに苦しまない関係性づくりを援助するための情報が必要なので、②のように尋ねました。誰かの言うことに従ったことがあるのならば、自分の感情を抑えて我慢したことがあるわけです。この体験が他者との関係性づくりに非常に大切です。

　叱り役はパパ、褒め役はママといったように役割分担をしてしまっている家庭もあります。でも、両親はそれぞれがどちらの役割も果たす必要があります（127ページ）。そして、親子のやりとりが絆を強化することを③で知らせました。

保育者の支援ポイント　●親子のやりとりが絆を強化する　●権利と義務を教える

パパの言うことを聞くなら我慢はできるので、ママも辛抱強く伝えましょう

●叱られる実体験も子どもには大切

①叱られる体験＝思いやりの源

心の痛みを体験したことのない人は、人の心の痛みがわかりません。叱られる体験は思いやりの源です。

②我慢する体験＝協同性の源

自分の想いだけを貫いてきた人は、人と力を合わせることが困難です。人と協調し、協力して何かを成し遂げるためには、ちょっと我慢する力が必要です。

③人に従う体験＝柔軟性・対応力の源

広い視野をもち、人生を豊かに生きるために欠かせない柔軟性や対応力は、人の意見を受け入れ、人に教え導かれ従う体験により獲得できます。

●親子のやりとりの重要性

子どもが自分の想いを親に伝え、親が自分の想いを子どもに伝えるやりとりを丁寧にしていくと、お互いに意見が食い違ったときも、素直に伝え合い妥協点を探すことができます。

このプロセスで、子どもは親の価値観や倫理観を身につけ、お互いに絶対的な愛と信頼で結ばれます。これは、子どもが将来親になったときの養育力のベースともなり、次の世代に受け継がれていきます。

(**NG** 対応 ▶)「パパに言ってもらいましょうか」

子どもがママとの関係性を築くためには、ママが頑張る必要があります。

きょうだいげんかばかりしています。どうすればいいですか？

保護者 ： 最近、きょうだいげんかばっかりなんです。

保育者 ： けんかするほど仲がいいって言いますけどね。（①）

保護者 ： でも、ほぼ毎日なんです。

保育者 ： 子どもはきょうだいげんかで人との関係を学んでいるんですよ。（②）

保護者 ： そうなんですね。でも、またか……と思ってしまいます。

保育者 ： 本当ですね。でも、大きくなって人間関係のトラブルに悩むより、今学んでくれているから、危なくないように見守るのが一番大事ですよ。（③）

保護者 ： なるほど……。

保育者 ： きょうだいげんかでは片方だけの味方をしないことが秘訣です。（④）

会話の解説

　「けんか」がよく起こるのは、どこか気の合うところがあり、一緒に過ごす時間が長いからです。お互いに関心があるとけんかすることになるので、小さい頃のけんか友だちが成長してから親友になることもあります。①では次の会話を引き出すために、けんかをポジティブな言い方に置き換えてみました。

　人間関係のトラブルは社会につきものです。子どものけんかはトラブルへの対処方法を学んだり、コミュニケーション能力を育んだりしているプロセスであることを②で伝えました。

　ただし、危なくないように気をつけて見守ることは保護者の役目であることも③で付け加えました。

　きょうだいげんかの場合は片方だけの味方をしない、という外してほしくないポイントは最後に伝えることが有効と考え、④で伝えました。パパとママは何があっても絶対的に自分の味方である、きょうだいは平等であるという2つが、きょうだい関係にある子どもたちの情緒の安定には必須です。

保育者の支援ポイント　●けんかは成長の教材　●きょうだいげんかでは片方だけの味方をしない

片方だけの味方をしないことがポイントです

●けんかは成長の教材

①困難を乗り越える教材

けんかは、子ども同士の本気のぶつかり合いで、子どもにとっては一種の危機や困難です。これを乗り越えながら、大きな危機に立ち向かう力を身につけていきます。

②心の痛みやつらさを知る教材

けんかは、自分が泣いたり、相手を泣かせたりして、心の痛みを感じる機会です。これを通して痛みの神経回路（139ページ）や思いやりが育ちます。

③他者の想いを知り、自分の気持ちを伝える教材

けんかは、他者にも自分と同じように想いがあることに気づき、相手に受け入れてもらえるように想いを伝える練習の機会でもあります。

●きょうだいは平等！　愛も平等！

　聖書やギリシャ神話の昔から、きょうだいは生まれながらにして親の愛を奪い合う永遠のライバルです。一人にだけ愛情を注ぎ、きょうだいを不平等に扱うことは、きょうだい間の憎しみを生みます。骨肉の争いほど残酷なものはありません。きょうだいができたら、「愛は平等」「扱いは平等」が親の鉄則です。

2歳8か月・男の子

すぐに手が出て叩き合いに……。
どうすればいいですか？

保護者 ： うちの子、すぐに手が出るんです。

保育者 ： ごきょうだいはいますか？（①）

保護者 ： 上に兄がいます。

保育者 ： お兄ちゃんがいると、鍛えられますよね。でも、手が出るのはよくない
ですね。想いは言葉で伝えることを教えてあげたいですね。（②）

保護者 ： お兄ちゃんが弟を叩くから、弟も手が出て叩き合いになるんです。

保育者 ： それは大変ですね。そんなとき、どうするんですか？（③）

保護者 ： ダメって言うんですけど、やっぱり繰り返しで……。どうすれば
いいですか？

保育者 ： まず、身体を張って暴力を止められるのは親だけです。言葉で表現
できるようにお互いの気持ちを代弁してあげて、仲直りまで応援
しましょう。（④）

会話の解説

　子どもが手を出す場合、身近な誰かがその子に手を出していることが考えられます。きょうだいでなければ保護者である可能性を考え、①のように家族のことを尋ねました。子どもは周りの人のまねをするので、上の子が暴力的だと下の子も同様に育つことが多いです。

　②では、きょうだいを育てる大変さに共感しつつ、子ども同士でも暴力をふるってはいけないことを保護者に伝えました。

　また、けんかが暴力に発展した際の対応を③で尋ねました。きょうだいげんかを止めることができるのは親だけです。

　そして、仲直りまで応援することを④で助言しました。

保育者の支援ポイント ●親は身体を張って暴力から双方を守る

●両者の想いを代弁し仲直りまで見守る

暴力は身体を張って止め、
双方の想いを代弁して仲直りさせてあげましょう

●痛みの神経回路を育む

実は心の痛みと身体の痛みは同じ神経回路で理解しているので、けんかを通して心や身体の痛みを知ることは、大人になって優しさを体現するためには必要な経験です。

当然ですが、危険が予測されるトラブルについては大人が守ってあげる必要があります。けれども、子どもの頃のけんかや多少のけがは成長に必要な社会体験だと大人がとらえる気持ちのゆとりも、子育てには大切です。

人間関係

きょうだいげんか

●きょうだいげんか仲裁の鉄則

暴力がエスカレートした場合には大人の仲裁が必要です。暴力によるきょうだいげんかを止めることができるのは親だけです。

きょうだいげんかをしても仲良くいられる秘訣は、親がどちらの肩ももたず、常に平等に接することです（137ページ）。兄（姉）だから、弟（妹）だからと決めつけるのではなく、起こった事柄を公正に判断して仲裁することが大切です。そして、お互いの想いを代弁して、双方に伝えます。仲直りをさせ、一緒に楽しく遊びだすところまで見守ってあげましょう。

NG 対応 ▶ 「叩いてはダメだと教えてあげましょう」

怒りを言葉にできずに暴力をふるっているので、ダメというだけではなく想いを代弁して、言葉による表現を教えてあげる必要があります。

弟がお兄ちゃんの邪魔ばかりしている……。
これでいいのでしょうか？

> 保護者 ： ダメだよ。邪魔したら。
>
> 保育者 ： どうしましたか？（①）
>
> 保護者 ： 弟がお兄ちゃんの邪魔ばかりして……。
>
> 保育者 ： 弟くんはお兄ちゃんのまねをしたいんですね。（②）
>
> 保護者 ： いつもこれでけんかになるんです。これでいいのでしょうか。
>
> 保育者 ： きょうだいげんかはマイナスなことばかりではないですが、弟くんにも遊び方を教えてあげてはどうでしょうか？（③）

会話の解説

　①のようにきょうだいや親子のトラブルを見かけたら、まずは声をかけましょう。

　子どもは「模倣」することで学習します。弟が兄のまねをするのは自然なことであり、発達上必要なことですので、弟側の健全な想いを②で伝えました。

　けんかはマイナス要素ばかりではなく、成長の教材（139ページ）でもあります。けれども、遊びから学ぶことも大切ですから、弟も兄の邪魔をするだけでなく、今の遊び方を発展させたり、遊びの力をつけたりする必要があります。それを保護者が教える必要があると③で伝えました。

保育者の支援ポイント　●遊び方は教えてあげるもの　●子どもの邪魔はまねしたい表れ

弟くんにも遊び方を教えてあげましょう

●遊びが育むもの

①身体能力
子どものやりたいという気持ちが、身体の限界を超えて能力を高めます。

②模倣能力
子どもはまねをして学んでいきます。楽しい遊びはまねをする能力を高めます。

③想像力
遊びを発展させるためには、常に想像力をはたらかせなければなりません。

④認知能力
ほかの子の遊びをまねしようと理解する過程で、認知能力が高まります。

●遊びの発展は応援するもの

　年齢に応じて遊びも成長し、発展していきます。そのプロセスの一つに、並行遊びと呼ばれる遊びがあります。これが盛んになる2・3歳ごろは、お友だち同士の交渉はありませんが、ほかの子と同じおもちゃで、かつそばで遊びたい時期なので、一つのおもちゃを取り合ってよくけんかになります。大人も楽しく遊びながら、子ども同士の交渉を応援することで、遊びを発展させてあげたいですね。

（NG 対応▶）「大丈夫ですよ。お兄ちゃんの邪魔をするのが弟の仕事ですから」

> 下の子が上の子の邪魔をすることを肯定すると、きょうだいの仲が悪くなってしまう可能性があります。

お姉ちゃんが赤ちゃん返りして大変です

保護者 ： 泣かないよ。もうお姉ちゃんでしょ。

保育者 ： **大丈夫ですか？（①）**

保護者 ： 妹が生まれてから赤ちゃん返りして……。ちょっと大変なんです。

保育者 ： **すぐ泣いてしまうんですか？（②）**

保護者 ： 妹のものを取ったり、同じように哺乳瓶をくわえて寝たり、「私も
抱っこして」って怒ったり……。
赤ちゃんが2人になったみたいで大変です。

保育者 ： **お姉ちゃんと一緒に赤ちゃんを抱っこするといいですよ。（③）**

保護者 ： なるほど……。

保育者 ： **それで、「赤ちゃんを抱っこできてえらいね」と褒めてあげましょう。
そうすると、もっと褒めてほしくて、下の子にも優しくできるように
なりますよ。（④）**

会話の解説

　子どもの泣き声と大人の大きな声が聞こえたので、①のように助け舟を出しました。

　保護者が「赤ちゃん返り」と表現する状況を具体的に聞き取りたいので、②で具体例を
あげて尋ねました。

　上の子は下の子がかわいがられているのを見ると、「親を取られた」と感じます。そこ
で、下の子が泣いたときに、「一緒に抱っこしてあげよう」と上の子（1歳以上なら可）
を誘い、間接的に下の子を抱っこすると、そのうちに上の子は「自分も抱っこして」と言
わなくなります。このような育児のアイデアを知ってもらおうと③で提案しました。

　そして、上の子は情緒が安定した状態を褒めてもらうと、自分からそれを目指すように
なることを④で伝えました。

保育者の支援ポイント
●上の子と一緒に赤ちゃんを抱っこするアイデアを提案

●子どもに「褒めてもらう」ことを目指してもらう

「お姉ちゃんもえらいね」と褒めてあげましょう

●マズローの欲求5段階説

図3—5　マズローの欲求5段階説と具体例

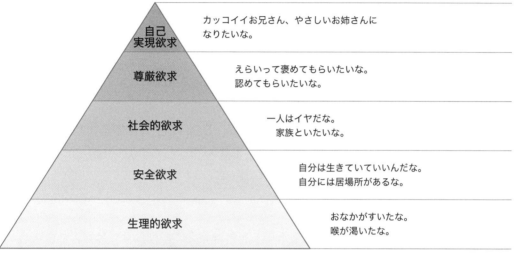

自己実現欲求	カッコイイお兄さん、やさしいお姉さんになりたいな。
尊厳欲求	えらいって褒めてもらいたいな。認めてもらいたいな。
社会的欲求	一人はイヤだな。家族といたいな。
安全欲求	自分は生きていていいんだな。自分には居場所があるな。
生理的欲求	おなかがすいたな。喉が渇いたな。

人間関係

赤ちゃん返り

アメリカの心理学者であるマズロー（Maslow, A.）による欲求5段階説（図3—5）は、子どもにもぴったり当てはまります。

下層欲求が満たされると次の段階へと欲求の階層が上がります。子どもなりの自己実現欲求が満たされるように応援することで、自己肯定感が高まります。

NG 対応 ▶ 「上の子も甘えたいのでしょうね」

保護者もこれはわかっています。具体的な解決策を示してあげましょう。

お友だちを叩いたけど、まだ小さいから謝らせなくていいですよね？

保育者 ： お友だちのこと叩いたらダメよ。

保護者 ： まだ小さいから、よくわかってないんです。

保育者 ： そうですね。でも叩いてしまったときは「ごめんね」と言うことを教えてあげるといいですよ。（①）

保護者 ： わかってないのに謝らせるんですか？

保育者 ： わかるために謝ることを体験させてあげるんですよ。（②）

保護者 ： いつも私が代わりに謝っていました。

保育者 ： 自分で謝ることは大切です。でも、これは自然にできることではないので、大人が教えてあげるスキルの一つなんですよ。（③）

会話の解説

「人に危害を加えてしまったら謝る」という行為は教えてあげなくては身につきません。謝ることを重大で深刻なこととととらえる保護者もいますが、謝ることはソーシャルスキル（次ページ）の一つです。素直に謝れると、その子は社会で生きやすくなる（131ページ）ので、①のように「そうですね」といったん保護者の気持ちを受け止めてから、謝ることを親が教えてあげるように伝えました。

保護者がまだ疑問をもっているようだったので、最初は謝ることをしっかり理解できなくても、積み重ねれば理解できるようになると②のように改めて伝えました。

謝るという行為は、自分を反省し、少し折れる必要がある行為です。だからこそ小さいうちに小さな事柄で、子どもが自分で謝る体験を大人が積ませてあげることが大切だと③で伝えました。

保育者の支援ポイント

●謝ることは大切な体験

●ソーシャルスキルは大人がプレゼントするもの

　ソーシャルスキルとは、社会で生きていくために必要な技能です。これは相手の表情の読み取りに加えて、教育で身につける力、つまり①価値規範（何を大切に考えていくかについてのルール）、②行動基準（自分の行動を決めていく判断基準）、③社会が支持する生活習慣の３つから成り立っています。

●ソーシャルスキルの育て方

①ファーストステップ
あいさつ（おはよう・さようなら・ありがとう・ごめんなさい）ができる

②セカンドステップ
禁止を理解し、我慢して自分を律することができる

③サードステップ
自他の区別がつき、ルールを守ることができる

　ソーシャルスキルは、ステップを踏んで育んでいくものです。すべてのステップで同じことがいえますので、例としてファーストステップをみてみましょう。あいさつをしない子に対して「恥ずかしいのね」と大人が理由をつけ、あいさつをしないことを認めてしまう姿がよくみられます。そうすると子どもはあいさつができません。あいさつをしない性格がどうかではなく、「あいさつはするもの」という姿勢が大切です。ソーシャルスキルは生得的なものではないため、子どもたちに教えようとする大人の姿勢に左右されます。社会のなかで生きにくくならないためにも、大人から子どもにプレゼントするべきものがソーシャルスキルです。

NG対応 ▶ 「自分で謝れるようになったら謝りますよ」

謝る体験が少ない子は、謝ることに抵抗を感じ、大きくなるほど謝ることができなくなります。謝ることは善悪がまだわからないうちから教えてあげる必要があります。

気が合わないママの子どもとは、遊ばせなくていいですよね？

> 保育者 ： どうかされましたか？（①）
>
> 保護者 ： ちょっと用事を思い出したので帰ります。
>
> 保育者 ： そうなんですね。また、いつでもいらしてくださいね。（②）
>
> 保護者 ： 実は、気の合わないママがいて……。
>
> 保育者 ： そうだったんですね。
>
> 保護者 ： そのママの子どもとは遊ばせたくなくて……。ダメですかね。
>
> 保育者 ： お子さんの人間関係を豊かにするには、「遊んじゃダメ」と言うより遊び方やかかわり方を教えてあげるほうがいいですね。（③）
>
> 保護者 ： なるほど……。面倒で避けていました。
>
> 保育者 ： 人生では苦手な人を上手にかわすことも大切なはずです。（④）

会話の解説

　①のように、来たとたんに帰り支度をする親子がいたら、必ず声をかけましょう。何かが起こった不穏なサインです。保育者側に不手際がある場合も考えられます。

　「いつでも待っていますよ」という姿勢をもち、その想いを伝えることは、保護者にとっては居場所を提供されることになり、安らぎにもつながります。②のように言葉にして伝えることが大切です。

　子どもの人間関係を豊かにすることは、その子が人に愛される存在になるための基礎を築きます。それを③で伝えました。苦手な人を排除するのではなく、トラブルへの対処法や遊ばせ方を工夫して、子どもに遊ぶ力（123ページ）をつけてもらいましょう。

　苦手な保護者とのかかわりは、子どものコミュニケーション能力を伸ばすチャンスととらえるとよいことを伝えるため、④のようにポジティブな言い方をしました。

保育者の支援ポイント
●親が子どもの交友関係を狭めないように伝える

●苦手な相手はコミュニケーションを学ぶ機会ととらえる

子どもの人間関係は豊かにしてあげましょう

●親の社会性が子どもの社会性

図3−6　人とのかかわり・社会性が広がるイメージ

子どもにとって初めての社会は家族です。親子の絆を核にして、子どもは社会を広げていきます。

子どもは親の社会を自分のなかに取り込みながら、自分の社会を広げていきます（図3−6）。そして、親の社会性が子どもの社会性になっていきます。

人間関係

ママ友

●保護者との連携の必要性

乳幼児にお友だちなど、人とのかかわりや社会を理解してもらいたいと願うなら、保護者の理解を促すことが必須です。なぜなら、保護者が人とのかかわりの核に関与しているため、保護者が理解できないことを子どもに理解させることは不可能だからです。これが保育所や幼稚園といった、子どもの社会における「保護者との連携」の意義です。

NG 対応 ▶「大人でも合わない人がいますものね。しかたないですよね」

その通りですが、ポジティブな子育てができるよう、子どもの学びのチャンスととらえる思考を保護者に伝えましょう。

いつもお友だちにいじわるをされてしまうんです。将来、いじめられますか？

保育者 ： あらあら、大丈夫ですか？

保護者 ： どこに行ってもいつもお友だちにいじわるされてしまうんです。

保育者 ： どんなふうにされるんですか？（①）

保護者 ： 叩かれたり、おもちゃを取られたり……。

保育者 ： たぶん、子どもはいじわるではなくて表現の仕方を知らないだけだと思いますよ。（②）

保護者 ： そうなんですか。でも、いつもやられる側だから心配で……。

保育者 ： そのときママはどうしていますか？（③）

保護者 ： ほかの子から守るしかなくて。将来いじめられっ子になりますよね。

保育者 ： お友だちに嫌なことをされたときの対処法を教えてあげましょう。（④）

会話の解説

　①では、保護者が何をいじわるととらえているのか、支援する事柄が明確になるよう尋ねました。

　子どもは言葉で表現できないために未熟な表現方法をとっただけだと、②のように保育者が推測したことを知らせます。

　保護者がどのように子どもに支援してきたのかを知るために、③で保護者のかかわり方を尋ねました。親の役目はトラブルを解決することではなく、子どもにトラブルへの対処法やコミュニケーション能力を身につけさせることです。

　そのため、④では子どもが使える具体的なセリフを練習し、いざというときに言えるようにしておくとよいと保護者に知らせました。子どもがほかの子に叩かれたりする様子を目撃したら、どのようにしたらいいのかを具体的に教えてあげるチャンスととらえることを伝えましょう。

保育者の支援ポイント

●他児とのトラブルは「教える」チャンス

●子どもに対人処理の対処法を教える

子ども同士は表現が未熟だから、
対処法を教えてあげましょう

●就学前につけておきたい 10 の力

　アメリカのヴァンダービルト大学が行った調査で、以下の 10 の力をつけた子は、社会に出て何らかの地位に就いたり、年収が高かったりすることがわかりました。つまり、これらの力は社会のなかで生き抜くのに必要な力であるということです。

①助けを求める力	⑥怒らない力
②気が散るものを無視する力	⑦自分の行動に責任をもつ力
③規則に従う力	⑧順番に話す力
④人の話を聞く力	⑨努力する力
⑤人と仲良くする力	⑩人のために行動する力

　①から⑩の力は人の群れのなかで生きていく力、つまり人の群れのなかで育まれる力ということです。

　これらの力は非認知能力と呼ばれ、小学校入学以降に求められる認知能力の土台となっています。OECD の研究によると、認知能力は非認知能力との相互作用で雪だるま式に大きくなっていくので、認知能力が求められる就学時までに、育んでおきたい力となります。

人間関係

いじわる

子どもがかわいいと思えないんです……。

> 保護者 ： もう！　いいかげんにしてよ！
>
> 保育者 ： どうなさいましたか？
>
> 保護者 ： 全部「嫌！　やりたくない！」って怒るんです。
>
> 保育者 ： そんな時期は大人がきついですね。（①）
>
> 保護者 ： なんだか子どもがかわいいと思えなくて……。
>
> 保育者 ： 寝ているときはかわいいですよね？（②）
>
> 保護者 ： そうなんですけど……。
>
> 保育者 ： かわいいときを思い浮かべて抱っこしてあげましょう。抱っこすると
> オキシトシンっていう愛情ホルモンが出るんですよ。（③）

会話の解説

　①では、保護者が「きつい」と思っている気持ちを受け入れ、寄り添い共感しました。特に第1子の場合、心が休まらず、きつく感じるものです。そんな心情を推察してあげましょう。

　保護者が「かわいくない」というのは、子ども自体ではなく、子どもの行動についてであることが大半です。保護者が子どもの不適切な行動と子どもの存在とを混同している可能性を②のように伝えました。

　「かわいい」と言葉に出したり、抱っこしたりすると、かわいいと思えるようになることを③で伝えました。肌がふれあうとオキシトシンが分泌される（次ページ）など、ときには科学的な根拠のある情報も伝えましょう。

保育者の支援ポイント

●行動と存在を分けて考える

●子どもを「かわいい」と言って抱っこすることで両者の情緒を安定させる

あえて抱きしめて、オキシトシン（愛情ホルモン）を分泌させましょう

●緊急性の高い「かわいいと思えない」の場合

　このような場合、保育所やこども園などの一時保育やプレ幼稚園、市区町村の地域子育て支援拠点事業などと常時つながっていることが大切になりますので、なるべくそれらの利用をすすめます。できるだけ毎日顔を見せてもらえるように、親子での体験保育や季節の行事など、さまざまなメニューを提供しましょう。そして、必ず、市区町村や子ども家庭センターと連携しておきましょう。

●オキシトシン（愛情ホルモン）の効果

　オキシトシンは、他者と良好な人間関係を築くために大切なホルモンです。

　また、長期的な抗ストレス効果や免疫力の向上など、身体にもプラスの作用をもたらします。さらに、学習能力が上がったり、攻撃性が減少したりすることもわかっています。

　オキシトシンは子どもの身体を優しくなでたり、大人なら肩や腕をお互いにマッサージすることでも分泌が促されます。スキンシップは親子や夫婦の関係を円満にする有効な手段です。

> **親の悩み**
>
> 子どもがかわいくない

NG対応▶「子どもとの相性もありますよね」

確かに親子にも相性の良し悪しはありますが、それでは解決策はないと言っているようなものです。愛情を表現してあげる方法を提示しましょう。

Part **3** こんなとき、こう答えよう　　151

弟はかわいいのにお姉ちゃんは……。
比べてしまってつらいです

> 保育者 ： お子さん、かわいいですね。（①）
>
> 保護者 ： ありがとうございます。
>
> 保育者 ： そんなふうにかわいがられてきっと幸せですね。（②）
>
> 保護者 ： 弟はかわいいんですけど、お姉ちゃんは……。
>
> 保育者 ： 上の子って表現するのが苦手ですよね。
>
> 保護者 ： 比べてしまってつらいんです。
>
> 保育者 ： お姉ちゃんのかわいさと弟くんのかわいさは、質が違いますよね。
>   お姉ちゃんってちょっと真面目で一生懸命じゃないですか？（③）
>
> 保護者 ： そういえば、そうです。
>
> 保育者 ： そんなところがかわいくていいですよね。（④）

会話の解説

　自分の子どもを褒められて嫌な親はいません。そのため、①では子どものかわいいところを見つけて、「かわいいですね」と褒めて、コミュニケーションを開始しました。

　親から「かわいい」と思ってもらえることや、かわいがられることは、子どもにとって幸せです。②のようにあえて言葉に出して伝えました。これにより、子どものかわいい姿を保護者も見つけることができるようになります。

　長子は、甘え方のお手本を知らないので表現が苦手なことが多いです。反対に、下の子は上の子を見て、どんなときにどんなことをしたら親の機嫌がよくなるのか（悪くなるのか）を理解しています。ですから、甘えるのも叱られるのも上手なことが多いです。

　長子は、最初の子として親が一生懸命育てるので、真っすぐに育っていることが多いです。その真っすぐさや真面目さを保護者が再認識できるように③で伝えました。

　また、女の子は共感性が高い傾向にあったり、男の子は甘えん坊な傾向があったり、それぞれの子でかわいさは異なります。それに気づいてもらえるよう④で伝えました。

保育者の支援ポイント　●子どものかわいい姿を見つけて伝える

　　　　　　　　　　　　●それぞれの子でかわいさは異なる

それぞれの子に違うかわいさがあるんですよ

●親心の傾向

　オーストリアの心理学者であるフロイト（Freud, J.）は、男の子がお父さんをライバル視してお母さんを好きだと思う心を「エディプスコンプレックス」と名づけました。これは、父親が男の子よりも女の子をかわいいと思い、母親が女の子よりも男の子をかわいいと思う親心の傾向にも当てはまります。

　また、生物として、上の子より下の子を守ろうと思うのは自然なことです。そうでなければ、小さな子は死んでしまうからです。下の子をかわいいと思うのは、実は生物としてより力の弱いほうを守ろうとしているからだと知らせましょう。

●きょうだいの異なる魅力を子育てに活用しよう

　きょうだいでも魅力、つまりかわいさは一人ひとり異なります。親はついダメなところばかり見てしまうものですが、どんな子にも必ず長所はあります。

　その長所を子どもに伝えてあげるとよいでしょう。一人を褒めたらもう一人も褒めるのが鉄則です。どの子にも「○○ちゃんのいいところは△△なところだね」と褒めると、子どもたちの自己肯定感は上がり、長所をさらに伸ばそうとするので、子育てがより楽しくなります。

NG 対応 ▶ 「下の子は甘え上手ですよね」

そのとおりですが、甘え上手だからかわいいわけではありません。

毎日子どもにイライラしています。
もうどうすればいいのかわかりません……。

> 保護者 ： 何度言ったらわかるの！　もう！
>
> 保育者 ： **大丈夫ですか？（①）**
>
> 保護者 ： うちの子、本当に手がかかって。
>
> 保育者 ： **子育てって、つらいこともありますよね。（②）**
>
> 保護者 ： 毎日同じことばっかり言っていて、イライラしちゃうんですよ。
>
> 保育者 ： **特に疲れているときはきついですよね。（③）**
>
> 保護者 ： そうなんですよ。逃げるわけにもいかないし……。もうどうすれば
> いいのかわかりません。
>
> 保育者 ： **お子さんに伝えたいことの優先順位を整理してみましょうか。実は
> お子さんも大変なんですよ。ママの気持ちと自分の気持ちを理解
> しようと頑張っていますよ。（④）**
>
> 保護者 ： なるほど。子どもも頑張っているんですね。

会話の解説

　①では、子どもに向かって怒っている保護者を見たので、すぐに「大丈夫ですか？」と声をかけました。「大丈夫です」と返事をされた場合はそっとしておきましょう。

　マイナスな感情が吐き出されたので、そのつらさを理解し、②のように共感しました。

　③では大変さを理解していると感じてもらえるよう、繰り返し共感しました。共感してもらえると、人は安心して心を開き、悩みを打ち明けることができます。

　子どもに教えたいことの重要度や優先順位を整理することは、親がイライラしないために大切です。それが本当に重要なのか、あるいは手を抜いてもいいのかを考えることを④で提案しました。発想の転換の仕方もあわせて保護者に伝えましょう。

保育者の支援ポイント

●子どもに教えることの優先順位を整理する

●子どもは親の気持ちも自分の気持ちも両方理解しようと頑張っている

子どもの思考を理解して、教えたい事柄の優先順位を整理しましょう

●子育ての目的は人を幸せにすること

哺乳類にとっての子育ては、子どもが親の手を借りなくても「生き残れるようになるための作業」です。しかし、人間の子育ての究極の目的は、「幸せになること」です。

内閣府の「満足度・生活の質に関する調査報告書2023」では、人との交流がなかったり雇用が不安定になったりしたときに、生活への不安や不満を感じている人が多いことが明らかにされました。つまり、人が幸せを感じるには、社会のなかで生きることが最も重要だということです。子どもが人に迷惑をかけたら叱り、思いやりのある行動をしたら褒めましょう。子育ては、人間らしい心を育て、幸せな「人」にしていくプロセスです。

●子どもだってパニック！

子どもの思考を理解すれば、子どもへのイライラはほぼ解決します。なぜなら、子育てでイライラするのは子どもが親を、あるいは親が子どもを理解できないときだからです。

大人は何度も同じことを教えているつもりでも、場所や言い方が変われば子どもにとっては新しいできごとです。だから、親に「何度も言ってるでしょ！」と言われても、子どもは「何のこと？」と思います。

同じ事柄だと理解してもらうためには、同じセリフを言っていくしかありません。「お皿はそっと置こうね」と言ったら「ものは大事にね」、「おもちゃはそっと置こうね」と言ったら「ものは大事にね」と、同じ言葉を使って理解を促します。

子どもが新しい世界で一つひとつ新しいことを覚えているのに、そこへ親が次々と新しいことを言うとパニックになってしまうことも、理解してあげたい事柄です。

自分の時間がない。つらすぎる。
どうすればいいでしょうか？

保護者 ： トイレに行きたいので、子どもを見ていてもらってもいいですか？

保育者 ： いいですよ。でも、**トイレには子ども用シートもありますよ。（①）**

保護者 ： ありがとうございます。自分の時間が全然ないのがつらくて……。
みなさん、どうしているのかな、と思って。

保育者 ： そんなときもありますよね。でも、**お子さんとの時間が楽しみに
変わるといいのかも……。ポジティブに考えてはどうですか？（②）**

保護者 ： そんなふうに思えないんです。どうすればいいですか？

保育者 ： なるほど。でも、**お子さんがいるから感じられた幸せもあります
よね？　（③）**

保護者 ： 確かにそうかも……。

会話の解説

　トイレに子ども用シートがあるのに、子どもを見ていてもらいたいと考える保護者は、少しでも子どもと離れる時間が欲しいと思うほど子育てに疲れている可能性があります。それを探るため、①では子ども用シートの情報を伝えました。

　保護者は「自分の時間」と言いますが、子どもとの時間もその一部です。子どもとの時間は自分の時間ではないという認識は、親になりきれていないことの表れです。しかし、それをストレートに伝えることは避け、②のように発想の転換を提案しました。

　「子どもがいるからできない」を「子どもがいるからこそできる」ととらえることを応援しようと、③のように伝えました。「どうせ子育てするなら、楽しもう」というポジティブな思考は、子育ての困難を乗り越えていく助けになります。そんな「気づき」を含め、子どもとの幸せに気づいてもらいたいですね。

保育者の支援ポイント　●子育てはポジティブ思考で　●子どもとの幸せに気づく

子どもがいるからできたこと、感じたことを探してみませんか

●子どもと幸せに生きる

「世界幸福度ランキング 2023」（持続可能な開発ソリューション・ネットワーク）において、日本は第 47 位と先進国では最下位レベルです。幸福度第 1 位はフィンランドですが、「困ったら助けてくれる人がいますか？」という問いに「はい」と答えた人の割合が多い国ほど、ランキングでも上位になるという傾向があることがわかりました。つまり、「人とのつながり」が幸福度を決めているのです。

未来ある子どもたちが生きることに幸せを感じ、生まれた国で幸せに生きるには、子どもにとって初めての社会である家族のなかでまず、「みんながいるから幸せ」と言ってもらったり、言い合っている姿を目にしたりすることが大切です。家族全員で幸せを探し、小さなありがとうをたくさん見つけて言い合える関係にしていきたいですね。このことで、子どもが大きくなったときにパパやママに「ありがとう」を返してくれて支え合う関係を継続することができます。

●子育てはポジティブ思考が大切

子育ては予期せぬことの連続ですが、それに対して「〇〇してよかった」と思うか、「〇〇して嫌だった」と思うかは、子どもにも影響します。子育てにポジティブになれるように応援しましょう。

親の悩み

自分の時間

【3歳2か月・男の子】

テレビを消すと泣いて暴れて……。
どうすればいいですか？

> 保育者　：　どうしたのかな？　疲れちゃったのかな？（①）
>
> 保護者　：　夜、寝るのが遅かったんです。
>
> 保育者　：　睡眠時間が足りないと、大人でもきついですよね。
>
> 保護者　：　寝かせようとしたんですけど、テレビを消したら泣いて暴れて……。
>
> 保育者　：　テレビは依存性が高いですからね。脳にもよくないですし……（②）
>
> 保護者　：　お兄ちゃんが見るからなんですけど……。どうすればいいですか？
>
> 保育者　：　大人が一緒に遊んであげることで、テレビから遠ざけましょう。（③）

会話の解説

　子どもが遊べずにぼーっとしている時間が長い場合は、大体、睡眠時間が足りないかテレビの見過ぎかのどちらかです。いずれにしても、けがをしやすく注意が必要なので、①のように声をかけました。

　テレビは依存性が高いことや脳によくないことは、保護者も理解しているとは思いますが、改めて気持ちを代弁することで、困りごとへの共感を②で示しました。

　子どもをテレビから遠ざけるには、保護者が動くしかありません。可能であれば、寝る前はテレビのない部屋に移動しましょう。そして、テレビ以外の実体験の遊びに誘導します。家族にも協力してもらい、親は子どもを寝かせた後でテレビを視聴するようにします。保護者や家族にとっては大変かもしれませんが、子ども中心に考えることのできる私たち保育者は、子どもの生活を守る提案をし続けたいところです。③では、子どもの脳の発達によくないという理由とともに、子どもをテレビから遠ざける方法を伝えました。

【保育者の支援ポイント】　●子どもをテレビから遠ざける　●実体験で遊ぶ楽しさを知らせる

保護者が一緒に遊んで、実体験の楽しさを知らせましょう

●依存症のおそれ

　子どもは睡眠時間として1日12時間が必要です。起きている時間から3回の食事やお風呂などの生活に必要な時間を引くと、残りはおよそ8時間となります。この8時間の使い方が子どもの脳や心身の成長を左右します。

　ところが、その時間にデジタル機器が侵入し、長時間ともに過ごすようになりました。その結果、人とのコミュニケーションや実体験に使える時間が奪われてしまいました。

　乳幼児期は、保護者の工夫次第でデジタル機器から遠ざけることができます。豊かな実体験を子どもにプレゼントすることが、保護者の役割と考えたいですね。

●デジタル機器より、家族のコミュニケーションを！

　テレビの長時間にわたる視聴は、子どもの言語的知能に加え、心や身体、脳の健全な発達を妨げることが最近の研究で明らかにされています。家族の協力がないと、子どものスクリーンタイムを減少させるのは非常に困難です。家族に協力を求め、食事中はテレビを消すなどして家族の会話を楽しみましょう。独立行政法人国立青少年教育振興機構による「『子どもの体験活動の実態に関する調査研究』報告書」（2010年）では、家族のコミュニケーションが取れている子どもは自己肯定感が高いことがわかっています。乳幼児期は、家族のコミュニケーションが何より大切です。

デジタル

テレビを消すと泣く

スマホを離さなくて困っています

> 保育者 ： せっかくですから一緒に遊びましょうか。（①）
>
> 保護者 ： スマホを見たいんだと思います。
>
> 保育者 ： そうなんですね。（②）
>
> 保護者 ： よくないとは思っているんですけど……。離さなくて困っています。
>
> 保育者 ： 今ならパパやママやお友だちと遊ぶことも好きだから、今のうちに
> スマホと距離をとりましょうか？　依存症も怖いですし……。（③）
>
> 保護者 ： 子どもでも依存するんですね……。でも、取り上げると泣くんです。
>
> 保育者 ： 取り上げる前に、そもそも渡すのをやめて、代わりに楽しみを与えて
> あげましょう。（④）

会話の解説

　どこにいてもスマートフォン（スマホ）を欲しがる子がいます。人とかかわりながら遊ぶ楽しさに誘導しようと、①のように声をかけました。

　保護者が長時間スマホを使わせることに疑問をもっているのか否かはこの段階ではわかりません。そのため、②では現状だけを受け止めました。疑問をもっていないようであれば、疑問をもってもらえるような声かけをします。

　初めてスマホに触った年齢が低ければ低いほど、スマホへの抵抗が少ないため、依存しやすくなります。幼いうちなら諦めさせることもできるので、③では「今のうちに」という言葉を使って、スマホから遠ざけることを提案しました。

　スマホのほかにも、危険なものや保護者の大切なものを子どもから取り上げる場合、取り上げるだけではなく、代わりにそれよりも楽しいものを与えてあげる必要があることを理解してもらえるよう、④のように伝えました。動画などを見ている場合は、代わりになるおもちゃを与えたうえで、一緒に楽しく遊んであげる必要があります。

保育者の支援ポイント　●子どものスマホは依存症のリスクが高くなる

●代わりの楽しみを実体験で与える

スマホはそもそも渡さないほうがいいですよ

●スマホの害

　アメリカの小児科学会は、2歳以下の子どもにスマホを与えることに警鐘を鳴らしています。スマホは発達期にある子どもの脳には情報や刺激が多すぎるのだそうです。記憶力や思考力、集中力が低下するほか、視力や想像力の低下、大人になってからのうつ病などの誘因となることも明らかにされています。

　スマホはデジタルヘロインと表現されることもあるほど依存性の高いものです。したがって、使用する際には一定のルールを作るなど、保護者の管理・注意が必要です。

●乳幼児期のデジタル機器との付き合い方

　筆者の考えるデジタル機器との付き合い方を以下に示します。

□就学前のスクリーンタイム（テレビ・DVD・スマホを含む）は30分以内にし、2歳以下の乳幼児にはなるべく見せない

□食事中は家族の会話を楽しむ

□就寝前2時間は視聴を避ける

□週に一度は、家族でノー・スクリーンタイム・デイを作る

□ながら見はやめる

デジタル　スマホを離さない

NG対応 ▶「泣かせたくないですよね」

誰でも子どもを泣かせたくありません。相談には対策、この場合はスマホとの付き合い方を答えましょう。

※この後に工夫を伝えれば、〇対応！

英会話の DVD を見せたい。
いつからがいいですか？

保護者 ： 子どもの習いごとっていつから始めればいいですか？

保育者 ： **3歳頃からバレエやピアノを習わせる方は多いみたいですけど、お子さんの年齢や発達状況に合ったものがいいですね。（①）**

保護者 ： 英語がいいかなって思っているのですが。

保育者 ： **習いに行くんですか？（②）**

保護者 ： まずは英会話の DVD を見せようと思っています。

保育者 ： **一人で見せっぱなしにするのは、ちょっとリスクがあるので、大人も一緒に見て楽しむことが必要ですね。（③）**

会話の解説

　①では、「〇〇する人は多いみたいです」とあくまでも断定はせずに保育者が見聞きした傾向を伝えました。子どもにおすすめの習いごとは、有酸素運動系のものと、指先を動かすものです。2・3歳頃に獲得させたいのは、粗大運動（走る、跳ぶ、歩くなどの大きな運動）と微細運動（指先でつまむ、はじくなどの小さな運動）です。これらを獲得し、向上させるものが子どもの発達に即した習いごとです。保育者として、子どもによい影響を与える習いごとを勧めました。

　子どもは実体験から学ぶので、②では人や文化に直にふれるかどうかを質問しました。

　③では、英会話の DVD 教材であっても、子どもが DVD を一人で見る時間が長いことはリスクがあるため、保護者と一緒に見ることが好ましいとを伝えました。

保育者の支援ポイント
●発達に即した習いごとがおすすめ

●子どもだけでの DVD 視聴にはリスクが潜んでいる

DVDにはリスクもあります。
習いごとは発達に合ったものがおすすめです

●早期教育・英才教育の落とし穴

　非科学的な幼児教育により、発達障害（脳機能障害）ではないにもかかわらず、自閉スペクトラム症のような特徴がみられるケースがあるといわれます。

　1・2歳頃のテレビやDVD、スマホなどの見過ぎ（1日1時間以上）は、そのリスク要因になります。そして月齢や年齢に不適切な英才教育は、発達障害を招いてしまうことがあることも知られています。年齢にそぐわない脳の使い方は、脳の発達を阻害してしまうことを保護者に理解してもらう必要があります。

デジタル

DVDを見せたい

●子どもの発達に合ったおすすめの習いごと

　子どもの知能（心）は、運動とともに発達します。2・3歳の子どもには、粗大運動と微細運動を獲得させたいです。粗大運動の獲得には有酸素運動を伴うサッカーや水泳などの身体を使う習いごとがおすすめです。子どもが自らの体力を限界まで引き伸ばすことで、意欲とともに知力も向上します。子どもの習いごとは得意分野（169ページ）にもなっていきます。指先の巧緻性を高める習いごととして、ピアノなどの楽器や絵画を習わせることがおすすめです。この時期の子どもの手指は突き出た脳とも呼ばれるので、指先を使うものは知能の発達にも有効です。

NG対応 ▶ 「小さい頃に英語を学ぶと苦手にならずにいいですよね」

乳幼児期に大切なのは、母国語を確立することです。母国語が英語とは限りません。

スマホで絵本を見せています。
これでいいのかなって不安で……。

> 保護者 ： この子、絵本が好きなんです。
>
> 保育者 ： **それはいいことですね。（①）**
>
> 保護者 ： スマホで見せているんですけど……。
>
> 保育者 ： **パパやママの声で読んであげるほうが言葉が頭に残るんですよ。（②）**
>
> 保護者 ： そうなんですか。ついつい楽だからとスマホに頼っていたんですけど、
> これでいいのかなって不安には思っていたんですよ。
>
> 保育者 ： **本物の絵本をプレゼントして、ふれあいを大事にしてください。（③）**

会話の解説

　絵本は子どもにたくさんの教育的効果をもたらします（85ページ）。そのため、まず①のように「いいことですね」と伝えて、保護者の育児を応援しました。

　絵本は非常に教育的効果が大きい教材ですが、親に読み聞かせてもらうことで言葉がより記憶に残ります。母親のお腹の中にいる間に聴力はだいぶ成長していますので、よく聞いている声、つまり保護者の肉声に反応がいいことを②で伝えました。

　スマホの絵本には、実際の絵本と同じ効果はありません。保護者がスマホで絵本を見せることに不安を感じている様子を受け、③で実際の絵本を通して親子でふれあうことの提案をしました。

保育者の支援ポイント

- ●パパやママが絵本を読んであげる
- ●ふれあいと読み聞かせを合わせることで言葉が記憶に残る

本物の絵本を読んでもらう実体験を プレゼントしてあげましょう

●デジタル機器のリスク

デジタル機器は「発達障害のリスク要因」として注目されています。そしてデジタル機器との長時間接触により人間らしさをつかさどる「前頭前野」がはたらかなくなることも示されています。子どもの脳に害があるとされています。特に教育番組やDVDは、早期教育効果を求めて赤ちゃんに見せる保護者が一定数いますが、その場合は注意が必要であることを保護者に伝えましょう（163ページ）。

●デジタル機器による生活リズムの乱れ

人間は夜行性ではありませんので、昼は明るく、夜は暗い場所で生活する必要があります。夜に部屋の電気に加え、テレビやDVD、スマホ等のデジタル機器から発される刺激的な光が目に入ると、子どもの生活リズムは乱れ、成長ホルモンを始めとするホルモンの分泌も滞ります。

心身ともに健全に育つためには、デジタル機器は避けたほうが無難です。テレビばかり見て育った子は社会的地位が低くなるという報告もありますので、スクリーンタイムは極力減らしたいですね。

NG 対応 ▶「スマホは便利ですよね」

スマホは便利ですが、その分将来的に子どもにもたらすリスクも大きいです。

（縦書き右側）
デジタル

スマホを見せる

指しゃぶりや爪噛みをやめません。
心に問題があるのでしょうか？

保護者 ： うちの子、指しゃぶりがひどくて……。

保育者 ： **指しゃぶりは、やめられるように応援しないと治らないんですよ。（①）**

保護者 ： 上の子は、そこから爪噛みになって。

保育者 ： そうですか。お腹の中で指しゃぶりする赤ちゃんもいるみたいですから、きっと指しゃぶりは習慣になりやすいんですね。（②）

保護者 ： 習慣ですか。心に何かあるんじゃないかと心配していました。

保育者 ： 心の問題とやめさせたい習慣は分けて、やめられるように応援してあげましょう。（③）

保護者 ： なるほど。どうすればいいですか？

保育者 ： 「お口にバイキンが入ったら汚いからやめようね」って伝えながら指を外すんです。根気よく繰り返すとそのうちやめられますよ。（④）

会話の解説

　指しゃぶりは歯並びに影響し、発音や発声も悪くなります。習慣になるとなかなか治りにくいものですが、①のように保護者が応援すればやめられることを伝えました。

　そして、この背景を知っても保護者がやめさせたいと考えているかどうかをみました。なぜなら、保護者の応援が必要になるからです。また指しゃぶりは習慣化されるとやめにくいことの背景を②で伝えました。

　ほかにも好ましくない習慣が出てきた際は、その習慣が「続けてもいいものかどうか」を考える必要があります。よくない習慣については保護者がやめることを応援しなければならないと③で伝えました。

　どうすればいいか聞かれたので、④で具体的な方法を提案しました。指しゃぶりや爪噛みをやめるには、周囲も協力する必要があることも伝えられるとよいでしょう。

保育者の支援ポイント ●指しゃぶりや爪噛みは応援すればやめられる

●心の問題とやめさせたい習慣は分けて考える

やめられるように早めに応援しましょう

●おしゃぶりの過度な使用に注意

おしゃぶりは、鼻呼吸を促すのに有効といわれますが、その代わり口がふさがってしまいます。そのため、過度に使用すると、言葉が遅れたり、歯並びへの影響から発声や発語、発話に問題が起こったりするようになります。特に、口でものを判断する時期や、喃語を大切にしたい時期には、口をふさがないことが成長への応援の第一歩になります。

●指しゃぶり・爪噛みはタバコと同じ？

指しゃぶりをしていた子は、爪噛みに移行することが多いです。口が寂しいのが原因のため、小・中学生になっても鉛筆やペンなどを噛むことが頻繁にありますが、それは大人が口寂しいとタバコを吸うようなものです。

そもそも、すべての人は口でものを確かめる原始反射を赤ちゃんのときに体験していますから、口にものを入れる習慣はすぐに継続できますが、逆にその習慣をやめるときには「やめよう！ とろう！」という本人の意志が必要です。「やめようね」と声をかければ、1歳の子でも理解して口から指を抜くことができます。根気よく続ければ、指しゃぶりはやめることができます。

くせ

指しゃぶり・爪噛み

NG 対応 ▶ 「そのうちやめますよ」

やめる時期を明示しましょう。本人が意識すればやめられるので、保護者はそれを応援すべきだと伝えたいですね。

チックがあります。治りますか？

> 保護者 ： チックがあって、気になっているんです……。
>
> 保育者 ： そうですか。（①）
>
> 保護者 ： ひどくなっているような気がして……。治りますか？
>
> 保育者 ： なくなることもあります。でも、「無くて七癖」というように、誰にでもくせはありますよ。（②）
>
> 保護者 ： そうなんですか。
>
> 保育者 ： 本人が気にしないように、夢中になる遊びを見つけてあげて、得意分野を伸ばしてあげられるといいですね。（③）

会話の解説

　子どもにチックが見られる場合、多くの保護者はかなり気にしています。その気持ちに寄り添うため、①のようにあえてチックの状態にふれないように返答しました。

　「無くて七癖」ということわざがあるように、人にはさまざまなくせがあります。特にチックは、気にして声をかけると、周囲や本人が治そうと意識してしまい、かえってひどくなってしまうこともあるので、誰にでもあるくせの一つととらえられるように、②のような声かけをしました。

　本人や周囲のお友だちが気づく頃には、好きな遊びが得意分野に発展し、チックが目立たなくなるくらい熱中したり、周囲から褒められたりすることもあります。もしかしたらチックは長く続くかもしれません。ですから、身体を動かすことが好きなら運動能力を高めたり、ものづくりが好きなら指先を鍛えたりして、親子で取り組めるように伝えたいですね。これにより、本人も周囲も気にならないようにすることの大切さを③で伝えました。

(保育者の支援ポイント) ●くせは誰にでもあるものととらえる　●得意分野を伸ばす

気にせず得意分野を伸ばしましょう！

●得意分野を探してみよう！

就学後に求められる、一定の基準のなかでルールに従って答えを出す力とは別に、子ども自身の興味・関心から開花する個性や能力を得意分野といい、これはその人の知性や知能の優れた部分です。得意分野を見つけ、人生の強みにしてあげましょう。

言葉が得意 （言語的知能）	数が得意 （論理・数学的知能）	見取るのが得意 （空間的知能）	身体を動かすのが得意 （身体・運動的知能）
□絵本が好き □人の話をよく聞いている □話をするのが好き →本の世界に誘導	□やりたいことに集中する □理由を聞くことが多い □数を数えたり均等に分けたりするのが得意 →色水遊びなどの科学遊びに誘導	□積み木やパズルが好き □絵を描くのが好き □地図・鉄道・線路が好き →お絵描き、ブロック、パズル、積み木遊びに誘導	□身体がよく動く □手先が器用 □新しいことに挑戦したがる →工作や運動に誘導

人が得意 （社会的知能）	音楽が得意 （音楽的知能）	動植物が得意 （博物的知能）	先読みが得意 （人間的知能）
□人と話すのが好き □お友だちと遊ぶのが好き □優しい →家族ぐるみで遊ぶ、育児サークルに参加するなど人と交流する場に誘導	□いつも歌ったり、鼻歌を歌ったりする □楽器が好き □曲をすぐに覚える →タンバリン、ピアノなど楽器の演奏に誘導	□図鑑が好き □植物が好き □動物や虫などが好き →自然や動植物とふれあう遊びに誘導	□立ち直りが早い □目的をもって動く □好きなことに集中する →外出の目的や場所を自分で決める体験に誘導

NG 対応 ▶ 「ストレスが原因かもしれませんね」

チックの場合は、原因を探しても改善できません。気にせず過ごせるようになる方法を提案しましょう。

変なくせがあります。
やめさせるにはどうすればいいでしょうか？

保護者 ： うちの子、鼻を鳴らすくせがあるんです……。

保育者 ： そうなんですね。（①）

保護者 ： やめさせるにはどうすればいいですか？

保育者 ： やめさせようとしないほうがいいかもしれないですね。（②）

保護者 ： でも、電車に乗ると周りから見られるし……。

保育者 ： 「気にしない、させない！」がやめる近道ですよ。それから、外遊びを十分しましょう。（③）

保護者 ： お散歩みたいな感じですか？

保育者 ： お散歩なら、距離を長くしたり、帰りは追いかけっこをして走って帰ったりして、外気浴を楽しんでください。（④）

会話の解説

　子どものくせに気づいても、保護者が気にしていないかもしれないので、①のようにあいづちを打ちました。

　「変なくせ」がチックの一種である可能性もありますが、チックであれば、無理にやめさせようとすると悪化する場合も多いので、②で気にしないほうがいいことを伝えました。

　くせを気にしたり、直そうとしたりすると、それだけで保護者の気分が落ち込んでしまうこともあります。そこで③では、気分転換ができるように、親子で外遊びを楽しむことを勧めました。

　「お散歩みたいな感じですか？」と聞かれましたが、本人がくせを気にしないためにはヘトヘトに疲れる必要があるので、散歩をアレンジする必要を④で伝えました。散歩は心身を健やかにしてくれる活動です。四季を楽しみながら、生活のなかに取り入れてほしいことも伝えられるとなおよいでしょう。

保育者の支援ポイント
●気にしない・させないがやめる近道

●戸外活動・外気浴を味方につける

気にしない、させないがやめる近道ですよ

●太陽の光と戸外を味方につける

　子どもに気になるくせや行動がある場合、昼間にたくさんの太陽の光を浴び、戸外で汗だくになるくらい身体を動かして遊んでみてください。これにより夕方、セロトニン（リラックスホルモン）がたくさん出ます。また、「動」の活動（戸外活動）を十分に満喫した後の子は、落ち着いて「静」の活動ができるようになります。そして、大人が気になるくせをあまり出さずに、1日が終えられるようになります。これを1週間程度続けると、子どももくせになっていた行動をとらないことに慣れてきて、いつの間にかやらなくなることも多いです。

　子どもが夢中で遊んでいるときには、くせはあまり気になりません。くせのある子は、繊細なことも多いですが、その場合には手先の器用さが求められる、やや難易度の高い製作やペーパークラフトなどを提示してあげることも効果があります。その子が夢中になれる遊びを見つけてあげましょう。

●外気浴の効果

　子どもは外気によって皮膚が鍛えられ、体温を調節する力を獲得します。また自律神経も刺激され、心の発達に非常に良い効果をもたらします。子どもの行動に不安を感じたときや、親子関係に難しさを感じたときは、自然の力を借りるのもおすすめです。

NG 対応 ▶ 「くせが出たときに、やんわり教えてあげましょう」

本人がやめられないくせの場合は、指摘すると逆効果になりかねません。
※鼻をほじる、臭いをかぐなど、やめられるくせであれば〇対応の場合も。

くせ

鼻を鳴らす

イヤイヤ期は幸せへの道のり

ヤイヤ期は、すべてが「イヤイヤ」で、大人はヘトヘトになります。しかし、実はイヤイヤ期は、人生に２度ある、身体に血液が倍増する時期なのです。そのため、体内に血液が駆け巡って、普通にしていてもイライラしてしまう身体なんですね。そして、「自分」という存在を理解し始め、「自分の考え」や「自分のやりたいこと」などが出てくる時期でもあります。

　この時期にパパやママ、きょうだいに自分の考えをぶつけながら、折り合いをつけていく力を身につけると、家族の絆が形成され、次のイヤイヤ期（第２次反抗期）を家族の絆で乗り越えることができます。２回目のイヤイヤ期は、身体が大きくなってから訪れるので、イヤイヤやイライラの度合いも大きく、家族崩壊につながることも珍しくありません。せっかく家族として出会ったわけですから、イヤイヤ期を「幸せに向かって家族の絆を作る時期」ととらえて乗り越えたいですね。この絆は、家族が幸せになるための切符です。絆のない家族に、幸せはありえません。

　ちなみに、きょうだいがいれば、イヤイヤ期の苦しみは２倍ではなく２分の１になります。上の子との絆が形成できていると、上の子が助けてくれるので、下の子になるほど、イヤイヤ期の疲れは少なくなります。イヤイヤ期を抜け出すのに近道はありませんが、着実に幸せに近づく道のりです。このイヤイヤ期を親子で絆を作って乗り越えていきましょうね。

【参考文献】
・アンデシュ・ハンセン、久山葉子訳『スマホ脳』新潮社、2020 年
・ウォルター・ミシェル、柴田裕之訳『マシュマロ・テスト──成功する子・しない子』早川書房、
　2015 年
・内田伸子『幼児心理学への招待──子どもの世界づくり』サイエンス社、1989 年
・内田伸子『子どもの見ている世界──誕生から 6 歳までの「子育て・親育ち」』春秋社、2017 年
・大沢博『その食事では悪くなる──食事崩壊と脳への影響』三五館、1999 年
・大沢博「子どもの食生活と心の健康──心理栄養学の視点から」『児童心理＝ Child study』第 61 巻
　第 1 号、2007 年
・岡田尊司『インターネット・ゲーム依存症──ネトゲからスマホまで』文春新書、2014 年
・小椋たみ子「日本の子どもの初期の語彙発達」『言語研究』第 132 号、2007 年
・清川輝基・内海裕美『「メディア漬け」で壊れる子どもたち』少年写真新聞社、2009 年
・久保田競『子どもの脳を育む！よい習慣』PHP 文庫、2013 年
・厚生労働省「保育所保育指針」2017 年
・国立青少年教育振興機構「『子どもの体験活動の実態に関する調査研究』報告書」2010 年
・榊原洋一『子どもの脳の発達　臨界期・敏感期』講談社、2004 年
・佐々木光郎『増補「いい子」の非行──家裁の非行臨床から』春風社、2003 年
・佐藤剛史『地頭のいい子を育てる食卓の力』現代書林、2016 年
・澤口俊之『幼児教育と脳』文藝春秋、1999 年
・澤口俊之『「学力」と「社会力」を伸ばす脳教育』講談社、2009 年
・澤口俊之『夢をかなえる脳』WAVE 出版、2011 年
・澤口俊之『「やる気脳」を育てる』小学館、2012 年
・澤口俊之『発達障害の改善と予防──家庭ですべきこと、してはいけないこと』小学館、2016 年
・新・保育士養成講座編纂委員会編『新・保育士養成講座　第 3 巻　発達心理学』社会福祉法人全国社会
　福祉協議会、2002 年
・スティーブン・ピンカー、幾島幸子・桜内篤子訳『思考する言語──「ことばの意味」から人間性に
　迫る（上・中・下）』NHK 出版、2009 年
・須藤信行「脳機能と腸内細菌叢」『腸内細菌学雑誌』第 31 巻第 1 号、2017 年
・千羽喜代子・吉岡毅・長谷川浩道『実習育児学──写真・図解　改訂第 17 版』日本小児医事出版社、
　2009 年
・東京都社会福祉協議会保育部会「東社協保育部会　保育講座②報告号」2010 年
・内閣府・文部科学省・厚生労働省「幼保連携型認定こども園教育・保育要領」2017 年
・浜崎隆司・田村隆宏・湯地宏樹編『やさしく学ぶ保育の心理学　第 2 版』ナカニシヤ出版、2020 年
・浜谷小百合・太田雅規「小学校高学年児童の健康関連 QOL と朝食時の食習慣および食環境との関連」
　『日本食育学会誌』第 14 巻第 3 号、2020 年
・ポール・ブルーム、竹田円訳『ジャスト・ベイビー──赤ちゃんが教えてくれる善悪の起源』NTT 出
　版、2015 年
・前橋明『いま、子どもの心とからだが危ない』大学教育出版、2004 年
・無藤隆『赤ん坊から見た世界──言語以前の光景』講談社、1994 年
・森昭雄『ゲーム脳の恐怖』NHK 出版、2002 年
・森重敏『保育内容総論』家政教育社、1992 年

・文部科学省「幼稚園教育要領」2017 年
・山崎光夫『逆転検死官』新潮社、2003 年
・渡辺充彦・竹重俊文・渡辺征克『医療・社会福祉法人「経営変革」の教科書』日本実業出版社、2016 年
・American Academy of Pediatries, 'Media and Young Minds', *PEDIATRICS*, 138(5), 2016
・Ikesako, H., Miyamoto, K., 'Fostering social and emotional skills through families, schools and communities: Summary of international evidence and implication for Japan's educational practices and research', *OECD Edubation Working Papers*, 121, 2015
・Bridges, K. M. B., 'Emotional Development in Early Infancy', *Child Development*, 3(4), 1932
・Schoenthaler, S. J., Doraz, W. E., et al., 'The impact of a low food additive and sucrose diet on academic performance in 803 New York City public schools', *International Journal of Biosocial Research*, 8(2), 1986
・Suni, E. & Dr. Singh, A., 'How Much Sleep Do You Need?', Sleep Foundation, 2023
・Wiles, N. J., Northstone, K., Emmett, P., Lewis,G., '"Junk food' diet and childhood behavioural problems: results from the ALSPAC cohort.', *European Journal of Clinical Nutrition*, 63(4), 2009

著者紹介

伊能恵子 いのうけいこ

社会福祉法人ダビデ会　昭島ナオミこども園園長

秋草学園短期大学　地域保育学科教授　博士（教育学）

日本子育て学会理事、日本経営品質学会常任理事。

中学・高校の教員経験を経て、大学で教鞭をとりながら保育士資格・幼稚園教諭免許状を取得。

昭島ナオミこども園は地域における子育てサークル活動の支援を 40 年以上続けている。さらに、近隣商店街に地域の人が集える「地域ふれあい館」を平成 25 年 4 月にオープン。利用者層別に各種プログラムを提供し、子育て支援の場および多世代間交流の場を通して地域に子育てコミュニティをつくる取り組みを行っている。この取り組みにより、令和 2 年度「東京都女性活躍推進大賞」受賞。

保護者のお悩みにはこう答える
保育者のための0・1・2歳児の子育て支援ハンドブック

2023年10月20日　発行

著者　　伊能恵子

発行者　荘村明彦

発行所　中央法規出版株式会社

〒110-0016　東京都台東区台東3-29-1　中央法規ビル
Tel 03-6383-3196
https://www.chuohoki.co.jp/

イラスト：亜沙美
装丁・本文デザイン：株式会社タクトデザイン事務所
印刷・製本：長野印刷商工株式会社

定価はカバーに表示してあります。
ISBN978-4-8058-8957-2